世界の最難関市場に
挑み制した！

サムライ
カウボーイ
社長記

マイク大谷 著

セルバ出版

はじめに

正直なところ私は長い間本書を書こうかどうか迷って来た。世に会社設立や経営、そして卓越した経営者に関する書籍はごまんとある。しかし経営学の用語とか、会社経営のノウハウとか、経営戦略の立て方とか、まあその種のタイトルの書籍は雨後の竹の子の如くであるも、残念ながらそういった類の専門的な本は私には難しくてわからないし興味もない。

地方の小さな大学の経済学部に入学はしたが、4年間最初から最後まで楕円球を追っかけて明け暮れたから、ラグビー学部卒業となった。就職は大手建設会社、そして現場配置を申告したら希望通りになった。でも新入社員がそこで学んだのは経営とは全く関係のない「飲む打つ買う」の世界での体験学習であった。

5年後、少年期から描いていたカウボーイになりたいという、客観的に見たら一見無謀で甘っちょろいロマン実現のため徒手空拳で渡米。結婚後一時期アメリカの会社で勤めたが、一兵卒で勿論マネージメントの経験など皆無。

そんなわけでグループの命運を左右するようなアメリカ進出の乾坤一擲の大勝負を、会社経営の経験なし、知識なし、情報なし、伝手なしの、ないないずくしの青二才に託すほうも託すほうだが、そんな海のものとも山のものともわからない大勝負を熟慮することもなく引き受けるほうも引き受けるほう。まして「生き馬の眼をも抜く」といわれ世界一厳しいニューヨークでの起業など、客観的に見たら暴挙としか思えないであろう。

しかもその語源の意味を知れば尚更である。馬は足が速く捕まえて眼を抜くことは至難の業である。素早く動くことが絶対条件で悪く言えば、常に抜け目なく油断も隙もない連中に囲まれてのビジネスは、他人を出し抜いて利益を得るくらいのことをしないと逆に潰されてしまうのであろう。言わば弱肉強食の「食うか食われるか」「殺らねば殺られる」世界だったのである。

幸いカウボーイとしてロッキー山中の大自然の中を馬に乗り自由奔放に走り回ってきたから、そんな異次元の世界のことなど知る由もない。結果的には知らぬが仏の経営姿勢が会社の立ち上げや軌道に乗せるのに大いに役立ったと思っている。

言い換えれば、そんな市場や経営環境など無視して「俺流の会社」をつくり上げることしか勝ち目はないと最初から考えた次第である。したがって内容的には経営戦略とかマーケティングとかリサーチとかデータ分析、TQCによる管理手法等々の挙げれば切りがないほどの会社経営におけるステレオタイプなアプローチなどは殆どない。

私が本書でお伝えしたかったのは、会社経営はプロでないとできないという既成概念を覆すことにある。言い方は大袈裟かも知れないが、ただ単に普通の人間でも会社経営はできる。だがしかし、1つだけ必要且つ絶対条件があるというのが私の信念。リーダーとしての資質でよく言われるのが統率力、先見力、判断力、決断力、指導力。。。等挙げればキリがない。

勿論私にはそんな能力があるとは思えないし、まして虚勢をはって軍団を率いるなんてことは考えたこともない。自らのことをいうおこがましさはあるが、人それぞれに己れが自信を持っているもの矜持するものがある。

私にあるのは人を包む力、人を惹きつける力、人を温かくする力、そう所謂『人間力』だけは生まれつき持ち得た能力だと信じているのである。

それは同じ人間であるのなら、国境や人種や肌や髪の色、言語、習慣、食べ物、文化。。。。など関係ない。私はその『人間力』で多くのアメリカ人社員の魂を揺さぶって来れたし、また数えきれない程多くのお客様の心の中に寄り添うことができ、そして可愛いがっていただいたのである。

サムライカウボーイという異色で稀有な経歴を持った私が、アメリカという世界最大の市場、しかも世界一厳しいといわれるニューヨークという戦場で如何に闘ってきたかを皆様にシェアできる幸せを感じる。

私には幼少の頃からの特性があった。基本的には直情径行型の人間であったから、できるだけ己の感情に素直に行動してきたが、私にとって結果の云々はあまり大きな問題ではなかった。上手く行くときもあるし上手く行かないときもある。しかし私は試行錯誤をしながら前に進むを由として来た人間である。そしてまた己が人生、他人とは違った履歴書を書きたいなとずっと思って来たし、また多かれ少なかれそれを実践してきた。それらの延長線上に今の自分があるといっても過言ではない。したがって自己顕示欲が強く鼻持ちならない人間と見られるかも知れない。

でも、私は何故か坂本龍馬に心酔してきた。彼は享年33歳、私は後期高齢者の仲間入りで、年齢も偉業も恐れ多くて比較対象にもならないのだが「情熱が理屈もなくほとばしり出る所が男の死に場所である」という熱い思いは共鳴する部分大いにありと思っている。大志を抱き若い理想に燃え、新時代の幕開けを目指し疾走し短い人生であったが自分が信じたことに命を懸けた一生だった。龍馬語録は色々あるも私が好きなものは「世の人は我を何とも言えば言え　我なすことは我のみぞ知る」というのがある。

辛いとき、苦しいとき、寂しいときなど、己の生き方を振り返りこの言葉を心の中で繰り返す。すると心が前向きになり数々の逆境を乗り越えることができたのである。今は自分をここまでに導いて来てくれた龍馬に恩返ししようと思い、なお一層の自己研鑽を続けているのである。

辛口大いに結構、読後感をお知らせくだされば幸甚という他ない。

マイク　大谷

２０２１年７月

世界の最難関市場に挑み制した！　サムライカウボーイ社長記　目次

第3章 創生期の生みの苦しみ

第4章 業界の常識を覆したサムライカウボーイ

第5章 飛ぶ鳥を落とす勢い

第6章 郷に入れば郷に従え

第1章

カウボーイから一足飛びに起業家に

1　私の人生を変えた創業者オーナーとの出逢い

人間万事塞翁が馬

私は今まで機会あるごとに述べてきたことだが、それはこんなことである。人間齢を重ねてくると好むと好まざるとに拘わらず所謂老化現象なるものとお付き合いするようになるのだが、悪いことばかりではない。勿論気力や体力や持続力などは若い人に勝てるわけはないが、長い人生における経験や知識や知恵に関しては彼等と比べ1日の長ありと思っている。

そんな中で私なりに到達した結論がある。

それは普通一生懸命に努力したり能力を十二分に発揮すれば、そういう人はまずまずの地位や人並み以上の人生を送れるのが一般的である。しかしそれプラスとなると、他力本願的な要素が必要となってくる。

それは何かといえば、その人の人生で何時如何なる人に巡り合うかで人生が大きく変わってくるというものである。

私の辿って来た人生、決して手前味噌でいうのではないが、今振り返ると人生の節目節目でその大切な人達に運よく遭遇して来たのである。その所為で正に人間万事塞翁が馬、予測もできなかったような人生の連続であったといっても過言ではない。

立志伝中の人

その中の1人は長年私が会社人生でお世話になったメガネフレーム業界では知らない人はないといわれる立志伝中の人物である。

私が公私に亘り人生の、そして経営の師と仰ぐ彼はシャルマングループの総帥たる創業者オーナーである堀川馨氏である。

この創業者との出逢いなかりせば、私が本書を執筆することもなかったであろう。

刎頸の友

オーナーとの出逢いにはプレリュードがあった。実は大学1年のとき、福井から来た一見ヤンチャな学生T君に遭遇した。彼とは相性がよかったのであろう、彼は空手道部、私はラグビー部とバリバリの体育会系だったのでいつの間にやら無二の親友となり肝胆相照らす仲となるのに時間はかからなかった。

これまた人間塞翁が馬で、彼に出逢っていなかったら私の人生は大きく変わっていたかも知れない。

彼との刎頸の友としての交わりは、あれから半世紀以上経った今でも続いている。渡米後8年、家族もできたので彼等を連れ久し振りに祖国の地を踏んだ。勿論ついでに福井も訪れたのであるが、そのとき彼が同窓の立派な先輩がいるから会いに行こうと誘われ、シャルマンのその先輩を訪ねたのが最初の出逢いであった。

工場見学など社内を案内してくれ、また昼食の饗応にもあった。我が母校の先輩にも大した人物がいるもんだと敬服して帰って来た次第である。

疾きこと風の如し

そしてそれっきりの出逢いであったと思っていたら翌年そのオーナーから突然8頁にも及ぶ手紙を受け取ったのである。その中で、彼は事業家として今まで辿って来た道、そしてこれからの夢やシャルマングループの方向性等が切々とつづられていた。そして最後のほうでアメリカ市場進出への強い思いを述べられ、明日にでも私に会いにコロラドまで出向きたい旨の内容であった。

晴天の霹靂とは正にこのことかと思ったが、私はどのような話になるかは別として、大いに歓迎させていただきますとの返信を送った。その手紙を受け取った後、間髪を入れず彼は貿易担当の部下を1人連れデンバーまでやって来た。

そして3日間の滞在中、私達はビジネスのことやらお互いのバックグランド、そして家族のことまでも話し合った。時は7月、聞けば年末までにアメリカの現地法人を設立、そして翌年3月には営業を開始したいとの強引なまでのスケジュールが提示されたのである。

当時私は結婚し家庭を持っていたからカウボーイ業では彼等を養って行くことはできず、山から下りデンバーの友人の伝手でアメリカの会社に勤めていた。勿論平社員ではあったが、家も購入、生活も安定し始めていた。

だが、デンバーでの会社設立の選択肢はなかった。何故ならばメガネフレームはファッショングッズである。ファッションすなわちニューヨークでの会社設立は最初から決まっていたのである。

白羽の矢が当たった理由

必然的に私達はデンバーからニューヨークへの引っ越しを余儀なくされるだろう。慣れた会社も辞めなければならない、家も売って家財道具をどこかに預けなければならない。。。決断が迫られたとき、女房のいった一言が私の背中を押してくれた。

「あなたがいつもいって来たパイオニアスピリッツはどうしたの？　挑戦しなきゃ！　ダメだったらまたカウボーイ生活に戻ればいいだけのことよ！」。

いざとなると太っ腹な女房であった。

「はじめに」でも述べたが、私には経営の経験もノウハウも業界知識もなかった。洗練されたビジネスマンとは真逆のカウボーイに経営を託すほうも託すほう、またそれを大した熟慮もなく引き受けるほうも引き受けるほう。

それは双方にとっての大きな賭けともいえるものであったが、そんな彼が私に白羽の矢を立てた主たる理由は「我々の母校は地方の小さな国立大学とはいえ伝統があるので卒業生は数万といる。でもそのあまたの同窓生の中で白人のアメリカ人女性を女房にしている輩は彼くらいしかいないだろう。とてもユニークでサムシングスペシャルを持っていそうな男だったから彼に賭けてみる気になった」。

後年そんな逸話を聞いたことがある（笑）。

そんなこんなで私は希望と不安の交錯した中、未知のビジネスワールドへ人生の駒を進めたのである。それは恰もかつて未来への夢を描き未知なる国アメリカに独りぼっちのしかも徒手空拳で辿り着いたときの心情と同じであった。

チャンスの神には後ろ髪がない

私には長い人生における生活信条がある。信じてもらうかどうかは別にして、私は今までの人生で後悔したことは殆どない。しかし今回は「チャンスの神に後ろ髪はない」ということを後年痛い程知らされたのである。

人は誰しも人生を変える沢山のチャンスがある。もし自分にはチャンスがなかったと思っているのであれば、それは目の前にチャンスがあったのにもかかわらずそれに気づいていなかったのかも知れない。

チャンスの神は気まぐれで突然目の前に現れることが多いのだが、要はそれに気づき如何にきちんと捕らまえるかにかかっているのである。

そしてチャンスの神は気長な決断を待つようなことはしない。だから「チャンスの神は前髪しかない」とか「チャンスの神には後ろ髪がない」といわれる所以で、チャンスの神が横をすり抜ける前にしっかりと前髪を捕まえなければならないのである。そのために必要なモノは、直ぐに決断する勇気と迅速な行動力が必要なのである。

２　田舎企業の世界戦略

当たり前のことを当たり前に

世界のメガネフレームメーカーのトップ５に入る日本メーカー首位のシャルマングループ、その源流はメガネの枠と弦を繋ぐ小さなリベット部品の製造だった。メガネフレームは福井県鯖江市の地場産業で最盛期には１０００社を超える関連企業があったといわれる。その中にあってシャルマンはフレームに使われる素材がプラスチックから金属に転換する大きな変化を捉えて部品メーカーから転換。

２５０工程にも及ぶ加工技術を磨き、１９７５年からは自社一貫生産によるメガネフレームの販売を開始した。

「部品メーカーとしてスタートした企業なので完成品としてのメガネフレームの販売ルートがなかった。そこで直接販売を始めたが、その結果お店やお客様の声を直に伺うことで商品開発にフィードバックさせることができたのである」と創業者は語る。

地方の一部品メーカーから世界的メガネフレームメーカーへ

１９８０年には海外への輸出も開始。「世界を巡り世界中の人々に商品をお届けしたいという私の『好奇心』から始めたこと。代理店同士の競合を防ぐために『1つの国に1つの代理店』という方針の下、まずシンガポールやタイに販路を開拓。アジア人は顔の形が日本人と似ているし、高温多湿の気候でも耐久性に優れているのが日本製品の特徴である」。

こうした点がアジアでも評価され、１９８2年には米国ニューヨークに現地販売会社を設立し、その後もドイツ・英国・フランス・香港等に販売網を拡大して行った。ファッション性の高いメガネフレームは、それぞれの地域に即したマーケティングと地域によって異なる流行を取り入れたデザイン開発が重要である。

シャルマンは、若手社員を世界中に派遣しているほか、現地採用を積極的に進めてきた。商品開発では福井本社・東京・ミラノ・パリ・ニューヨーク・香港にデザイナー25名を配しテレビ会議システムを使ってリアルタイムで企画・デザインを進めている。その斬新、秀麗な商品力によって数多くの世界的ブランドからも製品の委託生産やライセンス生産を求められている。その結果、グローバル感覚豊かな人材が多く育ち今やグループ全体の社員の6分の5が外国人となっているのである。

円高との闘いに勝つために

同社は海外事業の拡大に併せて１９９０年代から海外生産を開始している。「きっかけは

1985年のプラザ合意による円高である。当初香港で小規模な生産を試み、その後1991年に広東省東莞市に現地生産拠点を設けた。日本で培ったすべての部品の生産を手掛けるノウハウをそっくり移植し、販売輸出も自社で行ったことで初年度から黒字化したグループの優秀な海外生産拠点が誕生したわけである」。

販売の最適化を図るべく世界中に販売ネットワークを構築した結果、今では同社の海外売上比率は75%にも上っている。エクセレンスチタンなど高級品主体の国内生産とボリュームゾーン向け商品主体の中国工場との連係で生産面でも最適化を図かり製販のバランスを常に保つようにしてきているのである。

グローバルブランド

今では日本国内はもとよりアジアや欧米を中心に世界100か国で自社ブランドのメガネフレームを販売、シャルマンといえば世界のメガネ業界で通じる「世界的高級フレームメーカー」と賞賛されるまでのブランドに育て上げたのである。

企業に停滞は許されない

しかし限りなき前進を続ける企業に停滞は許されない。2012年、高級メガネフレームの開発製造で培った最先端の素材開発や精密加工技術を活かしてチタン製品を中心とした先端医療機器の製造販売を手掛け、それが異業種メディカル事業への挑戦の開始となった。当社の技術は医療機器業界の伝統にとらわれ過ぎない柔軟な発想とユーザー目線を可能にする。医師のニーズに応えようと弛まぬ創意工夫の中で革新的な医療機器の製品開発が結実したのである。

世界に通用する医療機器の新たな産地へと鯖江のイノベーションを先導するとともに国が目指す地方創生にも貢献しようとしている。「メディカル事業は何年後かには必ず成功する。２０１５年には安倍首相が当社を訪問されたが、これも地方創生のためには当社のような企業が先導役となって地域の発展に寄与することが期待されているからだと思うのである」。

そう語る創業者は正に熱意の人そのものだと感じた。

3　石橋を叩かずに渡るときもある

黎明期の二人三脚

今回の仕事を引き受けるに当たっては何らの条件などなかったが、１つだけオーナーから提示されたことがあった。

それは事業の立ち上げから夫婦揃って始めて欲しいということであった。公私の境界があやふやになる恐れがあるため個人的には賛同しかねたが、ほぼゼロに近い状態から今日の一大グループを築き上げて来たのは夫婦二人三脚なしでは成し得なかったとのサクセスストーリーを聞くと、その要望も素直に聞き入れることができた。

女房との共働きはプラスマイナス色々とあったが、最もよかったことは、彼女にとっては米国現地法人が正に自分の子供であると錯覚し、それが成長のためなら如何なる犠牲も惜しまない程の思い入れがあったのである。女房には会社創設より2年程働いてもらったが、それ以後子育てのこともあり家庭に入り銃後の守り役をやってもらった。

闘いの場所はアメリカではあったが、私は典型的な企業戦士。特に会社の創設期成長期には家庭を顧みることはなかった。朝早くから夜遅くまで、そして1年のうち3分の1は出張で家に帰らず。したがって、近所では私の姿を見た隣人は少なく、母子家庭と揶揄された時期もあったが、彼女はすべてが会社のためとよくよく我慢してくれたのである。

新しいことを始めるには

聞けば今回が実質的には初めての市場調査と聞いた。一瞬耳を疑ったが、事前調査も大事だが、それをすることによってのメリット・デメリットが出てくる。

調べれば調べるほどこの世界一巨大で競争の激しい市場でどう闘うのか、いや闘えるのかのクエスチョンマークが頭を持ち上げて来る。できない闘えない理由が凌駕し始めると怯む気持ちが出て来る。

「失敗の許されない冒険」での大勝負に出たわけだから、石橋は叩かずに渡るときもあると納得させるしかなかった。

そしてこのときのオーナーの弁にどれだけ鼓舞されたか測り知れない。彼はいった。「会社は勢いのあるときに成長発展させねばならない。守りに入ったらそこで成長は止まる。今まさに天の声地の利人の和が揃い、これ以上の好機は今までになかった。敢然として打って出よう！」。

南極越冬隊の話

そして彼は初代南極越冬隊の西堀栄三郎隊長の数々の名言というか逸話を話し始めた。

「新しいことをやろうと決心する前に、こまごまと調査すればするほど止めておいたほうがいいという結果が出る。チャンスを逃すな！　先ずは決断せよ！　石橋を叩くのはそれからだ！」。

「越冬できないという理由を並べるな！　越冬をするためにどうしたらいいかを考えよ！」。

「そして新しいことをする人は必ず楽観的なものがないと駄目だ。所謂取り越し苦労ばかりしていたら決して新しいことはできるものではない」。

「臨機応変の処置ができるという自信をつくっておくことが大事である。それには沈着でありさえすればそれでよいのだ」。

こんな話の熱弁を振るった。今思えば、私には会社経営の経験もないし、まして眼鏡フレームの知識もない。しかし彼は私の中の楽観主義的な部分と滞米生活10年で体得した何があろうとも動じない気概を洞察し、この男に賭けてみようと思ったのかも知れない。

会社の基盤造りに貢献した3人組

プロジェクトチームのリーダー格は専務のT氏。グループに加わる前には金融機関に勤務経験があり数字には明るかったので、彼には数字で捉える会社経営の基礎を学ばせてもらった。爾来陰になり日向になり米国事業に関してのよき支援者、理解者として多大な力になってもらった。取り分け会社立ち上げの最初の3～6か月間はニューヨークに単身赴任までしてもらい、後に述べるM君やN君と一緒になって米国シャルマン離陸のための重要な役割を果たしてもらった。

会社の離陸はジャンボジェットと同じで、助走からエンジンをフルスロットルにし、あの巨体を持ち上げねばならない。そして計器飛行に移るまでは気が抜けないし、また中途半端なやり方では失速し墜落するのである。そのような大事なステージでご尽力していただいたことにこの場をお借りして改めて敬意と御礼を申し上げたい。

後年本社の社長に就任されグループの成長発展に寄与されたことは敢えて言及するには及ばない程の卓越したリーダーであった。

そしてオーナーが再三再四強調されたのはM君やN君のことである。

「米国進出はグループの命運をかけた大勝負であるし総力戦でもある。そこでグループ内で最も有能な若手社員のM君とN君を君の太刀持ち露払いとして派遣する。彼等は絶対君の頼もしい両腕となってくれるであろう。これ以上は望めない布陣だから思う存分暴れて欲しい」。

幸いM君は私の大学の後輩である。奇しくもオーナーと私とM君はそれぞれ年齢は10歳前後と異なれど同じ大学同じ学部の先輩後輩の間柄である。地方の小さな大学であったが、故に先輩後輩の絆というか一体感や信頼感は非常に強いものがあった。M君は入社当時から将来の社長候補といわれた逸材である。

バランスの取れた人材というのは彼のようなことをいうのかも知れない。

彼は若い頃から帝王学というかリーダーになるべくしての体験を積んできたのだが、私と共にゼロからの起業、そしてアメリカという世界で最も熾烈な市場にて会社を軌道に乗せ経営の根っこの部分を学び体験した自信が今に繋がっていることを信じて疑わない。

勿論現在は期待通りのグループ社長となりその重責を担いグループの成長発展に邁進している姿をみると、誠頼もしく同時に嬉しく思えてならない。

もう1人のN君はデザイナーではあったが、経営全般に興味をもってくれてそれを商品開発に活かしてくれた。単なる通り一片のデザイナーであれば、米国シャルマンの商品があそこまで評価されることはなかったであろう。何故なら競争力ある商品の基本は品質・スタイル・価格・サービスであり、そのバランスを取ることで商品力が決まるのである。

彼は細かに市場を歩き時流にマッチした商品開発を心がけて行った。そのお蔭で数々のヒット商品のアイデアをゲットし、中には一時期業界ナンバーワンのスタイルを産み出したほどである。自由を好む彼は後年グループを離れ独立したが、今尚したたかなビジネスマンとして活躍していることを聞き、これまた嬉しい限りである。

4　走りながら考える

目標が決まれば行動は早い

人生航路の大きな舵切りを終えた後の私達の動きは早かった。いや翌年3月の営業開始から逆算すると早急に行動しなければ間に合わなかったからというのが正しいだろう。日本からオーナーがやって来て意気投合、それが7月の初めのこと、そして9月末には私達家族は日本への機上の人となったのである。その間僅か2か月足らずのうちに私は5年程勤めていたアメリカの会社を辞め、家を売りに出し、家財道具一切合財を貸倉庫に搬入した。幸い市場にリストアップしてから1か月も経たないうちに家も売れたので運がよかった。

走りながら考える

よくいわれるのが人は大体3つのタイプに分類される。①考えてから走る人、②走ってから考える人、③走りながら考える人。進歩が早いのは②または③の人だと思う。

①のタイプの人はよくいえば慎重派だともいえるが、反面知識は増えるが何時までも行動に移さない。②はよくわからないけど取り敢えずやってみるタイプ。このタイプは走った後の行動がまた2つに分かれる。何がよかったか悪かったかを分析・検討し再トライする人と、やっぱりダメかと

あっさり諦める人。③は多分これが最良・最強の方法だと思うが、行動しながら考えて理解したり修正したりする人。

アメリカでは頻繁に取り入れられるＯＪＴというビジネスプラクティスがある。ON THE JOB TRAINING の略語で「実践しつつ学ぶ」ということだろうか！　実際アメリカの会社は日本のそれと大きく異なり、新入社員研修とか教育に1か月も2か月もかけることはない。採用された社員は即戦力を期待されるので、必然的にＯＪＴを通じ一刻も早く1人前の社員になることを要求される。

プロジェクトチームとの合流

好むと好まざるとに関わらず私達は公私に関わらず走りながら考え始めた。まだデンバーで引き上げ準備に忙しい頃、私は本社からの要請でニューヨークに飛んだ。

一般的には企業が新しい市場とか分野とか事業に参入して行く場合は、市場調査なり将来性とか競合他社の動きとか、ある程度の時間をかけて入念に行うのが通例である。まして社運を賭けた大勝負となると尚更である。グループ米国進出事業への直接関与が決まってから間髪を入れずニューヨークに出向くことになった。

そこで日本の本社から派遣されたプロジェクトチーム4人の社員と合流するためである。いずれも初対面ではあったが、いい意味彼等には田舎にある会社の企業文化に培われた素朴さや純真さがあり、最初から親しみが持てたので、それ以降の打ち合わせはスムーズに運んだ。

思えば１９７３年渡米時アメリカ大陸で最初に降りたったのがニューヨークであり、まさかこんな形で再訪するとはの思いもあり懐かしくもあった。

私はそこでアメリカ市場進出プロジェクトチームのメンバーと合流した。メンバーは本社の専務、貿易部責任者、そして若手社員２人の計４人である。彼等については既に別の項で触れたが、私達は市場調査は勿論のこと、取引銀行ニューヨーク支店や顧問弁護士及び会計士、そして現地で活躍している日系企業や業界専門誌の出版社など精力的に回り、手探りでこの世界最大の市場に挑み始めたのである。

市場から厳しいの洗礼

何処へ行っても一応は歓迎してくれたものの、「甘い考えで参入して来るな！　アメリカで暫くは利益など忘れろ！」等々厳しい言葉の洗礼を受けたのである。極端なのは出版社であった。「お前達は必ず大火傷するだろうから選択肢は１つ。戦う前の撤退を促したい！」。他の４人は英語を解するとはいえ、滞米生活10年の私には1日の長があり、私は否が応でもアメリカ人の言葉のニュアンスを捉えた。

それは上から目線で「お前ら、この生き馬の眼をも抜く世界一厳しいニューヨークで商いができると思っているのか!?　まして二流品のメイドインジャパンを引っ提げて蛮勇もいいところだな！」けんもほろろの対応に、私はかってロデオで暴れ馬に乗ったときの闘争心がメラメラと燃え上がって来たのである。

「よ〜し、覚えてろ！　俺はお前達が間違っていることを絶対に証明してやるからな！」。その悔しい思いがそれ以後の「やってやろうじゃないか！」の強いバネというかエネルギーとなったことは否めなかった。

予期せぬ新生活

彼等とは10月1日、鯖江市での再会を約束して別れた。家の売買契約を終え、すべての家財道具一式を貸倉庫に移動、車まで売却し身軽となり8月末私達は日本に向かった。途中4歳になる一人息子を愛知県の実家の老父母に預け、私は女房と共に研修を兼ね数か月鯖江市の一時居住者となったのである。

D-Dayは翌年1月15日、それまで底冷えのする真冬の北陸で過ごす羽目となったのである。

私は日本人であるが故に北陸の雪や寒さは理解している。しかし女房はアメリカ人、果たして北陸の厳しい冬を乗り切れるかどうかの懸念があった。時は1982年、今から40年近くも昔のこと、どこの家庭でも炬燵やストーブの局所暖房の生活。片や彼女は生まれてこのかた全室エアコンが効いた環境下での生活に慣れ切った身体!?　一時住まいは昭和初期に建てられた社員寮、想像するに恐ろしい生活（笑）が始まったのである。

異国の地での闘い

別に会社の住環境を批判するつもりは毛頭ない。ただアメリカ人女性が如何に悪戦苦闘し日本のそれも北陸の冬を乗り越えたかの記録は残しておきたい。冬の北陸は吹雪・積雪・凍結・太陽が出ない曇天・湿気が多いゆえの底冷え。。。ある人にいわせると地獄とさえいわれる（笑）。

部屋は夜帰って来るまで今風のヒーターによる事前設定による暖はない。炬燵と小さな石油ストーブで暖を取るのだが、部屋の中は湿度が高いので中々温まらない。また洗濯物は部屋の中に吊るす。でも明け方それらが凍っている日もあった。炬燵は足が温かいだけで背中は寒い。ストーブは一酸化炭素中毒の恐れがあるから就寝前には必ず消す。

風呂は五右衛門風呂。日本人の我々でさえ上手く入れない。桶全体が鋳物でできているため下から火をくべると熱くなって触れない。上に浮いた木製の浮き蓋の上に乗りこれをゆっくり踏み沈めて風呂に入るのである。

トイレは二本橋スタイルでこれまた外人はそんきょの姿勢など絶対にできない。足腰が弱いからひっくり返るのである（笑）。これら一連の不具合に対し女房はどのような方法でこれらを乗り切ったのか私にはいわなかったし、私も敢えて聞きはしなかった。

外人社員第1号

彼女は明るい女性であった。でもこの寒さや不便性にはほとほと参ったのではないかと思う。しかし彼女がなんとかこの難行苦行を乗り越えることができたのは、オーナー一家はじめ社員全員の温かい気持ちや励ましがあったからである。

彼女はシャルマングループの第1号の外人社員であったのである。珍しさも手伝ってか皆んな優しく思いやりを持って接してくれた。後年押しも押されぬグローバル企業となったグループは今では外人社員数のほうが日本人のそれを遥かに凌駕している。

そのパイオニアとしての役割を果たした彼女の功績は歴史に刻まれ忘れられることはない。夫として褒めてやることを躊躇するものではない。

そんな女房のお陰で事業も軌道に乗り成功できたように思う。

日本の会社の現地法人をゼロから立ち上げたのだが、自分でいうのもおこがましいが彼女はアメリカ南部の保守的な上流の白人家庭に生まれ育ったから、女房が WASP の出であるということでのメリットは非常に大きかった。

日本サイドに対してはアメリカの特性やその市場がわかる人材として、現地の社員に対してはアメリカ人の心がわかるトップとしての信頼を最初から得ることができたから、単に日本から赴任し駐在している腰掛的なトップとは大違いで、経営面での多くの優位性を持つことができた。

まして本物のカウボーイをやって来たという経歴があったからこそその稀有な存在も会社の成長に大いに寄与してくれたのである。とはいえそれもこれも女房が白人のアメリカ人であったからである。

第2章

敵を知り己を知れば百戦危うからず

1　アメリカ市場参入時の背景

世界最大市場は自分達で直接販売

シャルマンは福井県鯖江市で眼鏡部品メーカーとしてスタートしたが、しばらくしてこれらの部品を総合したフレーム・メーカーに転化した。このフレーム製品を、当初は卸売業者を通して販売していたが、卸売販売の限界に対処するため１９７５年に販売子会社であるシャルマンを設立、日本で初めて眼鏡の直販を実施した。問屋を通さないことから販売価格を低く押さえることが可能になり、市場シェアを拡大することができた。

しかし、その後国内市場が伸び悩んできたため、海外市場への参入を開始。アジアやヨーロッパ市場に代理店を通して販売ネットワークを拡充したが、世界最大のメガネフレーム市場である米国で腰を据えて販売ネットワークを確立することを決め、１９８２年末に米国法人を設立した。米国法人を設立した１９８０年代初めは、世界市場で日本のメガネフレーム製品が２級品だとみなされていた時代であり、設立当初の１～２年は苦労した。

日本国内ではすでに一級品が生産されていたが、高額な眼鏡製品が売れる日本の国内市場は品質の高い大手メーカー製品が占有し、国内市場で大手に対抗できない中小メーカーが海外向けの安い眼鏡製品を生産していたのが当時の状況だった。その結果、海外には低品質の安い日本製品が出回り、これらが日本製眼鏡のイメージを形成していた。

そのため、販売先に訪問しても、鞄を開ける前から日本製品ならいらないといわれたものだった。そこで販売戦略を練り直し、アプローチを変えた。まず、眼鏡の話から始めるのではなく、応対に出た相手が家庭でどんな家電や車を使っているのかを聞いた。すると、多くの人が家庭で日本製品を使用しているという。これを聞いて、工業製品で日本製品が評価されているのに、なぜ眼鏡製品については駄目だと思うのですかと問いかけ、どうか一度見るだけでも見て欲しいと頼んだ。

そして眼鏡製品を見た人は、誰もがその品質の素晴らしさを納得してくれた。こうして徐々に米国での販売体制を確立することができた。しかし今振り返ってみると、米国市場に参入したのは円高が始まる直前でタイミングとしてはラッキーだったと思うし、またオーナーの海外志向が強いことが幸いしたといえるだろう。

直販体制のメリット

日本と比べた米国市場の違いの1つに、セールスマンが挙げられる。彼等は独立商人的な要素が強いから正確にセールスレップと呼んだほうがいい。米国ではセールスレップがコミッション・ベースで働くため、できるだけ多くの客にできるだけ多くの商品を売ることができるよう魅力ある商品や売りやすい商品を要求してくる。米国では当時、ほとんどの輸入業者や海外メーカーが各地域の専門ディストリビューターに製品を卸して販売していたが、この形態では限界があり、長い目では直販がベストだと判断した。

したがって米国シャルマンは、創業時から一貫して独自の直販体制を整えている（米国シャルマンの従業員約300人中、半分強が営業担当者）。

小売店への直販体制の利点は、セールスレップの管理を独自にできることと、いったん販売網をつくればより安定した注文を確保できること、そして何よりも市場のフィードバックを直接かつ迅速に得ることができることである。

コンピュータ管理が成長の鍵

米国内には、独立店舗からチェーン店舗まで全体で約38000か所の眼鏡店がある。このうち20000店が当社の現在の顧客である。これらの小売店から収集する情報量だけでも莫大なものだが、加えて、取り扱う眼鏡製品自体の情報が非常に多い。市場に出回っている眼鏡製品のスタイルだけで30000種類以上はある。

当社ではこのうちの400〜500種類を扱っているが、眼鏡の色やサイズを考慮すると、1つのタイプだけでも多いものになると30〜40の製品が含まれる。

これだけ多くの製品を扱い、さらにセールスレップが要求するような魅力ある製品を提供していくためには、市場のフィードバックとこれを可能にするコンピュータ・ネットワークが重要な鍵を握ってくる。

医療機器とファッショングッズの二面性

米国における眼鏡売上は、過去10年間成長を続けてきた。眼鏡製品は、医療製品であると共にファッション性を要求される製品である。このような二面性を持った製品は眼鏡フレームの他に存在しないと行っても過言ではない程ユニークなものである。かつて消費者１００人を対象に行った市場調査で、「自分の体の中で一番大切な所はどこですか」との質問に、90％の人が「顔」だと答えた。

この回答者の中で眼鏡をかけている人に対し「その一番大切な顔の真中にかけているのは眼鏡ですが、この眼鏡を替えないのはなぜですか」と質問すると、皆どうして替えなかったのだろうかと驚く。。。ここからＴＰＯに応じて複数の眼鏡をかけ替えるというコンセプトが生まれてくる。米国市場では、こうした消費者のファッション需要を開拓しながらブランド製品を投入してファッション化を進めていったことが、成長の原動力の１つになった。

こうしたファッション化に加え、軽くて薄いレンズやメタルフレーム等、それまでなかった製品が次々に販売されたため、昨年までの10年間は６～８％で小売上が伸びるという好調な成長を続けていた。しかし、98年の対前年比成長率は２・８％と低い伸びに止まった。

この理由の１つには、これまで活発だった新製品の話題が一通り終わり、消費者が特に買いたい、または買い替えたいと思うような製品がなくなったことがある。加えて、眼鏡の需要人口にあまり大きな変化がないところに供給だけが伸びたため、供給過剰による在庫増大、お決まりの価格破壊、ディスカウント販売となり、販売個数自体はほぼ横ばいであるにもかかわらず売上が伸びないという結果になったことも指摘できる。

過当競争市場への移行

昨年の眼鏡小売上の伸び率低下からも、今後の米国眼鏡市場はかなり厳しい状況になると予想されている。その他にも近年、香港や中国、韓国など日本を除く東南アジア製品の品質が格段に向上して眼鏡が壊れにくくなってきたため眼鏡の買い換え年数が長くなっていること（一番短いときには1・4年だったが、最近では1・9年に伸びている）や、レーザー治療による視力矯正の急速な普及ぶり等々、マイナス要因は多い。実際、卸売上は、昨年末から今年にかけてマイナス成長が目立っており、これから如何に市場を再活性化させるかがこれからのアメリカ市場の課題ではある。

弱肉強食のアメリカ市場

米国では、世界中から集まった３００社以上の卸販売業者がしのぎを削っており、業者間の競合は今後ますます厳しくなる。小売市場で目立っている企業買収や合併による業界の統合が、卸レベルでも進むだろう。米国市場は、日本や欧州市場とは異なり、顧客である小売店の忠誠心がまるでない。販売製品の25〜30％を返品してきたり、大幅な値引きを要求したり、支払い期限の延長を求めるなど要求が多く、これらの要求に応じないと他の業者へ移ってしまう。

業者の中には、1年間支払わなくてもいいという信じられない支払条件を提供する者もある。業界トップのイタリアのL社は、95年に当時全米トップの小売チェーン店を買収し、メーカーから小売店までの垂直統合を進めた。今年はさらに、サングラスの著名ブランドを所有している会社からサングラス部門を買収した。

当社も、いずれは小売部門まで含めた直販体制にすることを考慮しているが、中途半端に拡大すると失敗するので慎重に考慮しなければならない。なまじ小売チェーンを買収したりすると、現在の我々の顧客である他の小売店を敵に回す結果になるからだ。

L社も、全米一の小売りチェーン店を買収した当時、かなり多くの独立販売小売店の反感を買った。実のところ、支払いを1年先送りにしてもよいなどという条件を導入したのはL社であり、それはこの小売店の反感を緩和するためだった。L社は資産規模が巨大であるため、マーケティングでも比較にならないような規模のプログラムを打ち出してきている。

オンラインビジネスの徴候

インターネットを利用した消費者への直販についても、いつでも参入できる準備はあるが、実際にどうするかは市場の動きを見ながら対処していく。すでにインターネット上で販売を試みる小売店も増えているので、まずは小売店との連携でインターネット市場の可能性を探っているところだ。

この他、今年からサングラス市場に参入した。サングラスは眼鏡製品よりもはるかにファッション性が強い市場であり、角度を変えて本腰を入れていかなければならないだろう。

2　アメリカ市場での販売戦略、大きく生んで大きく育てる

最初に売上ありき

経営戦略、マーケティング戦略、価格戦略、ブランド戦略。。。。我々を取り巻く企業環境では「何々戦略」という言葉が氾濫している。そんな戦略の知識や経験もない私は、難しい戦略の策定などできるはずもなかった。

日本から進出した先輩企業やアメリカの業界関係者からの情報を基に、売上至上主義に走るわけではないが、販売会社として参入するにはまず「最初に売上ありき」はビジネスのイロハ。そのためには優秀なセールスマネージャーの採用を最優先とした。

しかし、新参者のどこの馬の骨ともわからぬ極東から来た会社にそんなレベルの高いセールスマネージャーが食指を動かすわけがない。

しかし我々は当時日系の眼鏡の小売店がマンハッタンに出店していたので、そこのネットワークを利用し業界最大手のセールズレップを雇うことに決めた。

彼は大したマネージメント能力はなかったが、長年レップとしての経験もあり業界のことを熟知していたし、レップ間の横の繋がりにも長けていたので、彼に販売の責任者であるナショナルセールスマネージャーとして働いてもらうことにした。

市場への切り込み隊長の役割

私達はオフィスを物色するより以前に彼の採用を決め、何かとニューヨークサイドで動いてもらった。また日本の本社工場にも出向いてもらい、会社概要を把握。我々がアメリカ市場で狙うところや求めるもの等を理解してもらい以後販売部隊編成、並びに拡張に協力してもらった。

彼は最大手では優秀なレップで長年彼等のやり方を体験してきたから、アメリカ市場に於ける商慣習とか具体的な業務とか規則とか競合他社の情報、市場のトレンドとかをお蔭様で短期間で学ばせてもらった。

彼は最大手での販路の拡大とかセールズレップの取り扱い方について流石によく知っていたから、我々はそれを参考にして販売戦略なるものを策定して行ったのである。私達は社運を賭けてこの世界最大市場に参入してきたのだから、目前の売上も大事ではあったが、それ以上に中長期にわたってのラフであっても青写真を描く必要性を強く感じていた。

アメリカンビジネス虎の巻

聞けば業界には既にテリトリーマップなるものがあり、我々は少々高価ではあったが、今後とも役立つであろうテリトリー設定のバイブルともいえる資料を入手した。人口動態に関する統計資料的なもので、アメリカの各ビジネスはマーケティングの資料として大いに利用しているものだ。それには全米を郵便番号で分割し、各エリアの人口の増減とか家庭の購買力とか消費性向とか小売店の数まで記されている。我々新参者に取っては眼から鱗的な資料であった。

それをベースにテリトリーの分割マップの例が色々示されていた。それは会社の規模とか商品の充実度で自由に組み合わせができるようになっていて、またマーケティング費用の分配も市場規模により効率的に決めることができた。

そして全米を大まかに60のテリトリーに分割し、それをベースに優先順位のテリトリーを決めて、レップを採用して行くこととした。

戦国武将になった気分の全米制覇マップ

まずどのような形で全米を攻略して行くかの論議から始めた。勿論ホームオフィスはニューヨークにあるので必然的にお膝元ならびに近隣テリトリーのレップから採用して行った。

ニューヨークで2人、お隣のニュージャージーで1人、南に下って首都ワシントン近郊で1人、それから人口増が著しいフロリダで1人。合計5人のレップを一気に雇い、営業を開始したのである。

幸先がよかったのは、ニューヨークで採用した別業界から採用した若手のレップが、アグレッシブなセールスアプローチでドンドン売上を伸ばしてくれた。彼は最初の年のレップ・オブ・ザ・イヤー（最優秀レップ）となり、後年何度もその栄冠を勝ち取った凄腕のレップであった。マネージャーの仕事は既存レップのトレーニング並びに管理、そして引き続きの他のテリトリーの新規レップ勧誘にあった。

シナリオとしては①ニューヨークを中心にニューイングランド地方、それからフロリダを含めた東海岸、②シカゴを中心とした五大湖周辺、③カリフォルニアを中心とした西海岸、④サンベルト地帯の南部、⑤最後は人口寡占地域の中西部並びに山岳地帯並びに遠隔地のハワイとアラスカ、こんな感じでテリトリーを埋めて行くことにした。

そして全米を5つのリージョンに分け、ゆくゆくそこにはレップが7～8名になった時点でナショナルマネージャー直属のリージョナルマネージャーを配置することとした。

セールスレップの収入は青天井

レップやマネージャーを採用し一生懸命に働き売上をあげてもらうためには、それ相当の魅力あるインセンティブを提供しなければならない。スポーツ選手でも同様だが、プロ意識が強ければ強い程収入の上限など設定せず青天井にしなければならないというのが鉄則である。

例えば、レップがマネージャーより高収入を得たり、マネージャーが社長より高収入を得ることが当たり前のインセンティブプランを取り入れなければならない。社長が私が会社で一番多く収入を得て当然だという販売会社は、優秀なレップやマネージャーは先ず集まって来ないだろう。

レップは基本的にはストレートコミッション＋目標達成時にはボーナス（それも達成比率により金額が加速度的に増えるプログラム）、そしてマネージャーは基本給＋歩合＋目標達成に対するボーナス。

したがってレップの売上が増えれば増えるほど歩合の金額は増加するので、彼等はレップの尻叩きのプロにならなければならない（笑）。しかし逆に売れないとレップもマネージャーもその月の給料は悲惨なものとなる。

アメリカはセールスレップ王国

日本では会社内での内部昇進が一般的であるが、アメリカでは例えばレップはマネージャー昇格や本社勤務に移るより、レップを続けるほうが明らかに儲かりしっかり休みも取れ残業もなくすべて自分の自由裁量でできるので、売る才能を持っている人達は働けるうちはレップを続ける人が珍しくないのである。

ちなみに、ニューヨークの百貨店のトップの販売員は年収５０００万円とか⁉　また他のアパレルレップは年間で10億円を1人で売り上げたとか⁉　何％の歩合をもらったのか気になるところではある（笑）。

彼等はプロ意識が強いので自分の仕事に誇りを持っており、オフィス勤務なんか馬鹿馬鹿しいとさえ思っている。

当然であろう、勤務時間は短くオフィスの連中より遥かに稼いでいる連中が多いのである。デスクでパソコンを眺め毎日同じ会社内での同じ人達とのコミュニケーションより毎日営業に出て違う人達と喋るほうが遥かに性にあっている連中であろう。

一概にどちらがよいとか悪いとかではないが、日本の販売員の連中が（微々たるボーナスは出るかも知れないが）自分の給料にモロに響くわけでもないのに会社や部署のノルマを頑張って達成しようとしているのは本当に凄いことだと思う。

どうやって1人ひとりがモチベーションを維持して行くのか、上司の連中はどうやってスタッフに対して声掛けしているのか気になるところではある。「稼げるぞ、力量とやり方次第では⁉」それを取り入れている業種や会社もあるだろうが、アメリカに比べたらまだまだ遥かに少ないような気がする。

3　比類なき商品と市場の特殊性

アメリカ独自の商習慣

世界最大で最も熾烈な競争が繰り広げられるマーケット故に常識的には考えも及ばないようなリスクとコストがかかる。

一般的には奇異に聞こえるかも知れないが、実はこの業界、営業力や商品力等の必要性もさることながら返品とリピートに対応できる会社が市場を制するのである。それもこれも世界で最も熾烈な競争が行われている市場故に、顧客の傍若無人ともいえる程のニーズに合わせることができない会社は存続できないのである。

返品が当たり前のビジネス社会

アメリカでは殆どのお店が商品の種類に関係なく、購入した商品について返品期間内であれば理由を問わず、使用済みでも、消耗していても返品・返金に応じてくれる。「１００％満足度保証」で商品に満足できなければ自由に返品でき、お客には全く損はさせない。一方日本では、「お客様の勝手な都合による返品」には全く応じない。未使用・未開封の場合に限り、返金又は交換に応じるといった店が殆どである。日本では購入後のリスクはお客が負っているが、アメリカではリスクはお客でなくお店のほうが負っているのである。

アメリカの「無条件返品」は１００年以上の歴史があり、返品コストは利益に盛り込んでいるのである。私が携わっていた頃の全米の全業種平均返品率は10％、ところが眼鏡業界はその倍の20％と全く特殊な業界であり、それだけにビジネスを軌道に乗せることが非常に難しいといわれてきたのである。

広大な国土が無条件返品の土壌を生んだ

ここでアメリカの「無条件返品」起源を紐解くと面白い。19世紀の末、アメリカの人口の大半は大きな国土に散らばって住む農民だったが、自動車が普及する以前のこの時代、彼等の買い物は専ら近所の商店に頼っていた。だが品物のバリエーションは乏しく、値段は割高だった。そこに目を付けて全米の家庭にカタログを送り、通信販売を始めた会社があった。

豊富な品物を安く売る商法は大当たり、それは後の大手百貨店シアーズの礎となった。そしてこのカタログにはお客にとって極めて重要な文言が記されてあった。「ご満足いただけなければ返金します」この一言があればこそ、商品の現物を見ることなく安心して注文することができたというわけである。

返品の取扱い次第では企業の命取りとなる

アメリカでは単に物を売るだけではなく、満足を保証しなければ商売にならないといっても過言ではない。だが、無条件返品は企業にとって軽い負担ではないだろう。業種に限らず全米平均の商品の返品率は10％。10個出荷したら1個の商品が返品されてくる勘定である。

勿論返品のすべてが企業の損失となるわけではなく、未開封の商品など良好の状態のものは棚に返される（最もこの割合は非常にすくない）。

クリーニングし再包装が必要な商品が殆ど、また専門業者に安値で売り渡される商品、破棄される商品も少なくない。こうした、経営にとって返品をめぐるコスト負担がかなりの負担になっていることは想像に難くない。

長く続いてきた店とお客との蜜月関係も時代の波に洗われている。無条件返品の悪用である（代表的なのはパーティー等で着飾るためのドレスやスーツを購入し用が済んだら返品する詐欺行為）。

企業にとっては返品によるコストアップは死活問題となりかねず、ここ数年多くの企業が返品期間を短くするなど少しずつハードルを引き上げ始めている。アメリカの小売業が堅持して来た「究極の満足保証」の伝統はここへ来て揺らぎ始めたのかも知れない。

効率化の追求

ちなみに我が社もこの返品対策には長い間悩まされて来た。何せ他業界の返品率の倍もある非生産的な作業を如何に効率よくスピーディーに処理できるかが利益率にも大きく影響するわけである。売上が増加するのに比例して返品処理作業員の数が増えていき、それは一時15人にもなった。私はその当時業界のトップの会社から色々学んでいたが、そこには業界に1台しかない返品フレームの自動洗浄機があった。

それは特注で2000万円もする大掛かりな装置であったが、私は思い切って業界2台目の自動洗浄機を業者につくらせそれを導入した。まだまだ小さな会社ではあったが、将来的なことも考え先行投資したのである。そのお蔭で返品作業員は一気に半分となり、今までマニュアルで洗っていたフレームも自動化したために正に新品同様のフレームとなって棚に返すことができるようになり、中長期的に見たら計り知れない程のコストカッティングとなったのである。

商品の特殊性から生まれたリピートビジネス

もう一方の難題はリピート注文に素早く的確に対応して行くためのシステムづくりであった。

以前は、各小売店がある程度のフレームの在庫をキープしていたが、在庫リスクが大きいためと、ファッション性が高まりフレームのサイズとカラーの多様化で、店頭にはサンプルだけを置くようになった。売れ筋商品になると、そのバリエーションだけでも40～50にもなるので、到底店頭に置いたり、在庫として持つようなことはなかった。

言い換えれば、それらの在庫は我々サプライヤーの倉庫に保管され、消費者が選んだフレームのスタイル・サイズ・カラーと取り揃え迅速に小売店に発送しなければならないのである。

そのときの該当商品がなければ、それは「欠品」となり、如何にそれを取り揃え小売店に送るかが重要となってくる。

一般消費者が待てるのは、精々2週間が限度。それまでに商品をメーカーから供給できれば問題ないが、フレームはパンを焼くように一夜で造れるものではない（笑）。前もって個々のフレームの売上予測、発注計画、生産計画を立てなければ、顧客のニーズに答えて行くことはできないのである。

それらはリピート、あるいは電話注文と呼ばれ、全体の売上の中でその注文の割合が増えれば増える程、自社の商品が末端の消費者に売れているというバロメーターとなり、会社が常にチェックしている大事な指標である。欠品は、それが2週間以内に解消すれば大変喜ばしい現象であるが、それ以上、時には1か月もかかるようであれば、それは悪夢ともなるのである。何故ならば顧客やレップから怒りの電話が鳴り響き、時にはビジネス関係を解消されるまでになるのである。

一時期、店頭商品がよく売れて欠品状態が続いたので、欠品のシャルマンという不名誉な汚名を着せられたことがあるが、その頃、確かに売上が低迷したことがあった。小売店ではシャルマンのフレームは売りやすく消費者の満足度も高いので、それをすすめたとしても欠品であるならば逆効果となるので、デリバリーが確実な他社の売れ筋商品を無難にすすめるということもあり得るのである。

我が社の欠品対策

私達はできうる限り欠品を避けるべく、また同時に過剰在庫にならないような発注在庫管理システムを独自に考案したが、どれもパーフェクトなやり方などなかった。しいて挙げれば新商品のテスト販売とか地域限定販売とかのデータを基に発注し、その後全国販売をすることで今までの欠品率の減少効果があったことは、とても元気付けられたのである。

この電話注文の受け答えが致命傷になることが多いので、私達は常にカスタマーサービス部門の充実を図り十分なスタッフも待機し、顧客対応のトレーニングにも力を注ぎ、また常に最新の電話システムを取り入れることにより、顧客満足度を飛躍的に高めて行ったのである。

小売店によっては、店は開けなくても内部のラボで働く人達の朝は早い。またアメリカ大陸は広い。ホームオフィスは東海岸にあるのだが、西海岸との時差は3時間ある。ニューヨークの午後5時は、サンフランシスコではまだ午後の2時である。だから、カスタマーサービス部門はシフト制を取り入れ、朝7時からオープン夜9時にクローズするまで顧客対応をしたのである。いやはやこれもアメリカならではのビジネスプラクティスの1つではある。

4　価格戦略が正しかった

価格政策を誤らないために

営業開始前に色々な分野での戦略立案が必要であったが、こればかりはある程度走る前に考えなければならなかった。販売、マーケティング、商品、財務、人事労務等々大方の骨子はつくったものの最後まで決まらなかったのが価格戦略であり、実は、私はこれが最も重要だと最初から思っていたし、他の分野に関してはある程度の妥協はしても、この価格戦略に関しては一歩も引かない強固な意志を持って臨んだ。

というのは、我々がこれから進出するのはアジアでもないヨーロッパでもない、他の地域でもない、アメリカ市場であるからである。世界最大市場であると同時に、世界で最も熾烈な戦いが繰り広げられる最も厳しい市場であるが故にである。我々が進出を決めた時期、アメリカ市場ではドイツ、フランス、イタリア製が一流品。日本製の眼鏡フレームの評価は残念ながら二流品であった。

何故なら、日本国内は品質も価格も高い高級品がドンドン売れる市場だったので、国内の大手メーカーは恵まれた国内市場を相手に商売をしていれば健全成長ができたのである。

したがって、技術レベルや品質の低いフレームしか生産できないメーカーは、国内では太刀打ちできないので必然的に活路を輸出に求め、それが大量にアメリカ市場に出回っていた時代的背景があった。

安かろうよかろうがアメリカの消費性向

我々は毎日の如く価格戦略論議に明け暮れた。当時我が社の製品は、品質スタイル、価格サービス面で日本でもトップクラスの評価をいただいていた。したがって、つくる側として、供給する側として、自信があったから高品質＝高価格の論法を押してきたし、ブランドのイメージの問題もあるから高価格帯から参入すべしの意見が凌駕した。

彼等がそのようなアプローチをしてくることは概ね予測はしていたが、状況は孤軍奮闘になりつつあり、ここは正念場、乾坤一擲のプレゼンテーションをし大逆転をしなければ、それこそ「失敗の許されない冒険」が「ほぼ間違いなく失敗する冒険」になり代わる大いなる危機感を抱いたのである。

滞米生活10年の体験から色々なことを学んだが、そのうちの1つにアメリカ人の消費性向がある。ご存知のように、アメリカは世界最大の消費市場、アメリカの経済はこのダイナミックな個人消費で成長発展してきたし、その図式はこれからも変わらない。換言すれば、世界中の生産者供給者達はこぞってアメリカに向かい、そこで商いをすることを望んでいるわけだから、毎日膨大な種類と量の製品が世界各国からアメリカに輸入されて来るのである。

それはまた熾烈な競争を意味し、業種によってはそれこそよくいわれるCUT-THROAT BUSINESS, 相手の喉を切り裂かねばこちらがやられる！　アメリカの眼鏡フレーム業界はそんな世界だったのである。アメリカの消費者はそんな市場環境の中で生活しているから、DEALやDISCOUNTやRETURNは当然の権利として受け容れ、それに対応できない会社は生き残れないということである。

世界一価格に厳しい消費者

極端なことをいえば、アメリカの消費者にとってのベストな商品というのは「品質が最高で価格が最低」のもの、これを求めて彼等は一生懸命商品を漁るのである。日本に住んでいたら、決して理解できない考え方かも知れないが、このような貪欲な購買慣習から彼等は「世界一価格に厳しい消費者」というレッテルが貼られるのである。以前、こちらで長い間活躍している日系企業を訪問したときに「暫くは利益のことは考えるな、先ずこの市場に根を張ることが最優先だ！」といわれた言葉がやっと理解できたのである。

私は彼等に対するアプローチの仕方を変えた。「シャルマンがアメリカ市場進出をする目的とかゴールは何ですか？　将来的にどのような会社になりたいのですか？」。

彼らの答えは「高品質を前面に打ち出しシャルマンブランドの名前を浸透させると共に、マーケットシェアをできるだけ多く取ること」。

私の答えは「最初からその両方を達成するのは潤沢な資金がない限りほぼ不可能です。両方ともなどと都合のいいやり方では失敗は目に見えています。どちらを優先するのかの選択肢しかありません」。

その後彼等が出して来た結論は「あの広大なアメリカ市場で1％のマーケットシェアを取れたら大成功といわれる！　それを目指すのが当然でしょう！」時間がかかったが、やっとこちらのペースになって来た。

マーケットシェア獲得が会社成長の急がば回れ

マーケットシェアというのは、ある企業がその属する市場においてどれだけの生産量ないし供給量を占めているかという比率である。大方の企業はマーケットシェアの拡大を求めて競争する。

それが上昇して行けば従業員の士気の向上、金融機関への信用の向上、規模の経済が達成されやすくなる等々の利益が生じてくる。

それはまた新商品の開発とか販売形態の拡張等経営戦略に柔軟性をもたらし、新たな市場行動の展開が可能になるからである。

数量を求めるなら低価格ゾーンは安物のイメージがあるから、所謂ボリュームゾーンという中間価格帯を狙うのが常道で、業界のマーケットシェアでトップグループの企業はすべてそこの数量をしっかりと確保している。

俺流のセールストーク

前回の市場調査で数か所の小売店の訪問をし、我が社の商品の反応やらフィードバックもして来ている。私はフレームに関してはズブの素人ではあったが、彼等が一応に評価してくれたのは一流品といわれるドイツ・フランス・イタリアの品質と遜色ない、いやそれ以上との評価をもらっているので、彼らとの差別化を踏まえての価格戦略はこれだ！　と思った。参入価格は彼等とガチ勝負のボリュームゾーン。しかし、ここでの明確な差別化を価格に反映させるべきと思った。

単純な質問？「ＡとＢの商品があります。品質は同等、しかし価格はＡのほうが低い。消費者はどちらを選びますか？」。

もう１つ質問？「ＡとＢの商品があります。価格は同等。しかし品質はＡのほうが高い。消費者はどちらを選びますか？」。

実は、この手のセールストークが後々米国シャルマン大躍進の要因となったことはそのときは知る由もなかった。

価格戦略に関しての小田原評定も終わりに近づいてきていた。そして最後はオーナーのツルの一声で決まった。

「よし、米国シャルマンは先ずボリュームゾーンで攻めよう。正直、この田舎街鯖江でアメリカ市場に明るい人間がいるんかな⁉　ここは、在米生活体験10年の現地事情に詳しい大谷君の意見を尊重すべきと思う」。

実は、この一言が米国シャルマンの命運を決したといっても過言ではないことが後になってジワジワわかって来たのである。

5　アメリカ独特の販売ネットワークの構築

基本的な販売形態

アメリカは日本の26倍もの広大で豊かな国土を持った国である。

したがって、物の販売の形態も日本とは全く異なったものとなる。我々メーカーの場合の販売形態を大まかに分けると、直接独自で設立した販売会社を通して、代理店を通して、そして特約店を通しての3通りとなる。

それぞれの違いは一概にはいえないが、例えば特約店はメーカーとの契約内容が厳しく決められており、そのメーカーだけの商品しか扱えないとか、営業エリアを決められるとか様々な縛りがあるがメーカーからの利益率は高い。

代理店とはあくまで代理で営業できるというだけで商品を優先的に仕入れて販売する権利を有するだけ。

したがって、メーカー側の縛りもなく、他メーカーの商品を並べて販売しても問題はないのである。

意志あるところに道は通ず

我がグループの海外戦略は早くから決まっていた。先ず手始めに東南アジア市場に1か国1代理店制度を適用し参入、その後ヨーロッパ市場も同じ手法で参入していった。そして各国代理店のマーケット深耕策が効を奏したり新規代理店との提携で順調に売上を伸ばして行った。

しかし、世界最大市場のアメリカだけは手付けず、いずれ自分達の販売会社を設立し自ら売って行きたいとのオーナーの長年の強い思い入れがあった。

当時のアメリカ市場はプラスチックフレームが5割を占めていたので、メタルフレームが主体の我々がそれだけの商品を持って太刀打ちできるマーケットではなかった。

でも、オーナーのアメリカ市場進出の熱意は、フレーム先進国ドイツよりプラスチックフレームの成型技術導入を画策。

後日談となるが、幹部社員全員から大反対されたので、彼は私財を投げ打ちその導入を実現させ、プラスチックフレームの製造に成功したのである。『意志あるところに道は通ず』の彼の経営哲学は、それから随所に垣間見られたのである。

直販システムのメリット

アメリカ市場は、最初からレップによる各小売店への直接販売しか考えなかった。その方式は時間とコストがかかるものであったが、一旦そのネットワークを確立すると多くのメリットを享受でき、アメリカ市場での中長期的事業計画がより現実的なものになって行くのである。

また、直接販売による市場や顧客からのダイレクトなフィードバックは、より市場にマッチした商品開発を可能にしたり、顧客の色々な要望に迅速に対応できるシステムの確立にも大いに役立ったのである。

このような地道な努力を続けることによって、いつの間にやら「シャルマン」は品質と信頼のブランドとしてアメリカ市場に受け容れられて行ったのである。とはいえ、鍵となったのは果敢な販売戦略と販売部隊の絶え間ざる強化であった。

チャンピオンから学ぶ成功メソッド

私達は、ナンバーワンや他の既存の成功企業から学ぶことを躊躇しなかった。勿論、独自性や差別化戦略は打ちだして行かねばならないが、概ね彼等のやり方を踏襲して行けば、いずれは彼等の領域には到達できるであろうと考えた。その頃、私達はおぼろげながらではあるが、中期的には浮き沈みはあるものの、アメリカ事業の右肩上がりの成長曲線を描いたのである。

それは次のようなステップを取ることで持続的な成長が可能であると思った。後程別の項で述べるが、アメリカ市場進出以来私達のビジネスの歴史は限りない円高との闘いであった。

そのコスト削減策の一環として、我がグループは日本のメガネフレームメーカーとしては初めての中国本土に生産基地（直属工場）を持ったのである。

このことが後年、シャルマングループを飛躍的に成長させた原動力となったことは誰も想像だにしなかった。いや、ただ1人だけそう信じプロジェクトを強力に推進させた人物がいた。それはまた例の経営哲学を実践したオーナーの堀川会長であったのである。

中長期の青写真を描くことの大切さ

ステップ①

メーカーブランド「シャルマン」を全米を60に分割したテリトリーで販売し、品質と信頼のブランドとして確立する。メーカーブランド単独での深耕は、新規顧客の獲得に時間がかかるため、一部デザイナーブランドを取得して併売して行く。双方のラインが相乗効果となり売上は加速度的に伸びて行った。

ステップ②

中国工場稼働と共に事業部制を取り入れることにし、新たに「アリスター」というメーカーブランドを立ち上げた。「シャルマン」が中間価格帯を網羅したのに対し「アリスター」は、それより下の価格帯をターゲットにした。しかし、既存の価格的にはバッタもんに等しい中国や香港や韓国製品とは一線を画くし、彼等と中間価格帯との間の価格でデビューしたのである。これまたアメリカ市場では初めてのチャレンジであった。この事業部も「シャルマン」同様全米を60のテリトリーに分割し販売を始めたのである。

ステップ③

高級デザイナーブランド取得を契機に「CXD」事業部を立ち上げる。既存の2つのブランド「シャルマン」及び「アリスター」は品質と値ごろ感を前面に押し出したが、「CXD」はイメージと高品質を謳い文句とし高価格帯をターゲットとした。テリトリーは大都市やそのメトロポリタンエリアに絞り20前後で攻略することにした。気が付いたらレップ数は会社全体で140人にもなっていた。

ステップ④

企業の成長が止まることイコール後退を意味するとよくいわれる。私達も毎年色々知恵を出しながら売上増の計画を練って行った。次ぎなるステップはテリトリーカットである。これはレップが最も抵抗を示す分野なので周到な準備と分析を行い「シャルマン」と「アリスター」のそれぞれの事業部を60から70のテリトリーに分割し各々のテリトリーの深耕を目指した。そして、レップの数は160人にもなった。

ステップ⑤

その頃になると、殆どの大手チェーン店や大型専門店への参入も果たした。その上、米国シャルマンのテリトリーは中南米も含まれていたので、ブラジル・チリ・コロンビア・アルゼンチン・ウルグァイ等の代理店との取引を始めた。後にメキシコにはアメリカの子会社として小さな販売会社を設立し拡販に努めた。

ステップ⑥

各々のブランドや事業部の安定成長を心掛けながら、次なる売上増の分野は新素材・新技術による新しいタイプの商品開発である。当時日本国内では、既にチタンフレームが商品化され台頭し始めていた。アメリカ市場でもカーボン素材・ポリアミド・アルミやメモリーチタン合金などの新素材が市場を賑わした時代があった。しかし、純チタンは軽い・錆びない・強い・ニッケルフリー等メガネフレームとしては理想的な素材であったが、加工技術の進化により、アメリカ市場でも受け容れられるデザインが可能となった。それを機に先鞭を切っていよいよシャルマンがその画期的ともいわれたチタンフレームのアメリカ市場販売に乗り出した。これを契機に後年「チタンフレームを世界に広めたシャルマン」としての企業ブランドを業界内で不動のものとしたのである。

ステップ⑦

それからも絶え間ない技術革新並びに世界でトップクラスの研究開発チームやデザイナーチームとのコラボにより他社には真似ができない「ラインアート」とか「エクセレンスチタン」のラインを開発し、あくなき売上成長を目指し鋭意努力を重ねているのである。

ステップ⑧

日本市場では次なる成長戦略としてチタンフレームの技術ノウハウを活かし医療機器分野への参入を果たしたのである。日本での成功実績をベースにいずれアメリカ市場でも販売の時代がやって来るかも知れない。また限りなき前進をするためにはチェーン店の買収等のM＆Aも選択肢の1つとして考えて行かねばならないだろう。

私は西部から来た男としてフロンティアスピリッツ（開拓者精神）という言葉を盛んに使った。アメリカ人社員や顧客の心をくすぐる言葉である。お陰様であれよあれよという間に事業は軌道に乗り、設立2年目で黒字、3年目で累損も一掃する程になったのである。

社員の99％はアメリカ人、でもこのジョン・ウエインをヒーローと仰ぐユニークなジャパニーズカウボーイを素直にリーダーとして崇め一生懸命やってくれた。変わり者というのもときにはプラスに働くこともあるのだろうか!?

あらゆる障害を乗り越え、牛の大群をまとめ目的地へ引き連れて行くストイックで誠実なカウボーイの生き様が会社経営の一助ともなった。それはあたかも激しい市場の中で戦略を立て戦術を駆使し、全社員を取りまとめ鼓舞しながら、会社が立てた目標を毎年の如く達成していく様にも類似していた。

その後、会社は紆余曲折を経ながらも社員も300人を超える程になり自分でいうのも気が引けるが、業界でも異色のカウボーイ社長として知られるまでになったのである。

我田引水といわれようが構わない。道なき所に道をつくり、森林を開墾し平野に水を引き畑を造成する。かつて西部の開拓者達が辿ってきた軌跡である。私が携わった業界は、小さいとはいえ常に300社前後がひしめく群雄割拠状態。したがって、業界関係者なら知らぬ者がいない程、著名な城を築けたことは正に幸運という他ない。お陰様で自分の人生に小さくともキラリと光る星マークをつけていただいた。その御恩は終生忘れることはない。

第3章

創生期の産みの苦しみ

1　失敗の許されない冒険

天の声、地の利、人の和

１９８３年1月初旬の北陸福井、小雪が舞い底冷えのするある日の夜、まだお屠蘇気分が抜けやらぬ正月明け、会社の大会議室はムンムンとした熱気に溢れていた。そこには本社社員全員と全国に散らばる各支店の幹部達が集まっていて総勢は５００人くらいはいたであろうか⁉

ここは日本の眼鏡フレームの9割以上を生産する福井県の鯖江市。人口僅か6万人前後の所謂地方の小都市だが、地場産業が栄える街である。規模的に見たら小さな業界ではあるが、「眼鏡フレームの鯖江」の名前はその業界では世界的に有名なところであり、そこにシャルマンという会社があった。

創業者オーナーの社長が口を開いた。「戦争の勝敗には天の声、地の利、人の和が必要とよくいわれますが、今正にその時至るを強く感じています。私はこのシャルマングループをメガネフレームの部品である小さな飾り鋲部品メーカーから総合フレームメーカーに育て上げ、そして独自の販路を開拓するために業界初のメーカー直販の販売会社を設立しました」。

「当初こそ市場の古いしきたりや反対勢力の抵抗に会いましたが、その企業コンセプトは概ね好評に受け容れられ、気が付いたら国内では生産販売会社としてトップの位置を占める会社となりました。私の経営戦略はあくまで基本に忠実、当たり前のことを当たり前にという姿勢で取り組んで来ました」。

世界最大のアメリカ市場進出へのプレリュード

リーダーは次から次にその場に居合わせた全員に熱く語りかけた。「企業に取って売上は成長発展の礎となるもの、国内の販売ネットワークが確立され安定成長を確保できたら次の市場は当然海外との貿易となります。先ず手短な市場は東南アジア、そしてヨーロッパや中近東、オセアニアへと各国一代理店制度を導入しそれらの市場への拡販を続けました」。

「しかし、アメリカは（中南米も同じテリトリーと考えて）世界最大の市場、このマーケットだけは代理店ではなく自らの販売会社をつくって攻略したいと世界戦略を考え始めたときからズッと温めてきた構想でした。とはいえ、アメリカは世界最大の市場であると同時に世界で最も厳しい戦いが繰り広げられている市場でもあります。したがってある程度の準備が整わなければ安易に参入したら大火傷をする市場でもあったのです」。

「私達はメタルフレームについては世界のトップクラスの品質を誇れるレベルに達していました。また市場のニーズを先読みしフレーム先進国ドイツより技術導入の末、日本で初めてカラーフレームの開発に成功しました。しかし当時のアメリカ市場ではまだまだプラスチックフレームのほうが多く売れている市場環境より、メタルフレームだけでの片肺飛行は考えられず、それからはプラスチックフレームの生産技術をこれまたドイツより導入し、試行錯誤の結果、ついにその開発生産に成功したわけです」。

壮行会のクライマックス

そして、これからがいよいよその夜の壮行会のクライマックスとなる場面がやって来たのだ。

「アメリカ市場浸出に当たって天の声＝タイミング、地の利＝自らの実力は準備できました。後は、人の和＝人を魅了する器があれば力一杯戦えるところまで辿り着きました。実は幸いなことに私の大学の後輩でアメリカ滞在10年になる大谷君と巡り合いました。昨年7月、私は彼の住むコロラドのデンバーへ出向き私の夢とか将来の戦略について3日間色々な話をしました。奥様に背中を押されたこともあったでしょうが、彼は快く私の思いに賛同し、それまでの生活のすべてを投げ打って、アメリカ市場への現地法人設立、その後の経営を引き受けてくれたのです」。

しかしながら彼の最後の締めくくりの言葉は、私が米国シャルマンの会社人生に別れを告げる日まで1日たりとも忘れたことはない。

「大谷君はカウボーイになりたいがために27歳で日本の大企業での勤務を辞めアメリカに渡たり、その後白人のアメリカ人女性と結婚し今日に至ったいわば変わり者と呼ばれる類いの青年です。私は彼は大学の後輩であるくらいの知識しかありませんでしたし、彼に会社の経営能力があるかどうかもわかりませんでしたが、ただ1点、人を魅了するようなキャラを持ち合わせていたので彼に賭けてみようと思ったのです」。

「アメリカに進出するに当たり既にニューヨークに店構えをしている主要取引銀行の頭取に相談に行ったときのこと。その頭取は〝軽い気持ちでアメリカ進出を考えているのなら止めなさい。やるからにはシャルマンの社運を賭ける覚悟で臨まないと絶対に失敗します。アメリカは日本にいる連中が考える程甘くはなく、またニューヨークは生き馬の眼をも抜く世界で一番ビジネスをするのに厳しいところです。どうか心して闘ってください〟といわれたのです」。

失敗の許されない冒険という言葉に、戦慄が走る

「大谷君、私とシャルマングループはアメリカ進出のすべてを君に賭けます。そして経営の殆どを任せますし、銃後の守りは勿論のこと武器弾薬が足りなくなったらいつでもいって来てください。そして力一杯闘い続けてください。しかし私からもお願いがあります。これは失敗の許されない冒険なのです。失敗イコールシャルマングループの倒産を意味します。君の任務は重大です。任せた以上、しっかり頼みますよ！」

その後は宴に移り、多くの社員達に激励を受けた。それぞれに握手を繰り返すうちに、私の心の中に得もいえぬ戦慄が走り、武者震いがした。それは人生で初めて体験する異様な感覚であった。最後に有志が武田節を歌い全員が唱和し壮行会が終わった。「我出陣に憂いなし！」そのとき妙に心安らかな自分がそこにいた。拙著の中に「失敗の許されない冒険」という言葉が度々出てくるのだが、私は敢えてその意味に触れることにした。私が何故会社設立並びに経営の知識や経験等ゼロ

に等しい状態で気が付いたら世界で最も過酷といわれるニューヨークのビジネスの真っただ中に飛び込んでいったのか、の経緯の説明が必要であると思ったからである。

2　怒涛の離陸

会社設立とオフィス物色

本社及び工場では連日翌年3月1日のニューヨークでの営業開始に間に合わせるべく全社員一丸となって頑張った。毎晩夜遅くまで工場や本社の灯りが消えることはなかった。彼等とは同時並行的に私はT専務とニューヨークに飛び、事務所物色やら会社登記とかの色々な手続に忙しかった。感謝祭を終えてからのマンハッタンはクリスマスモード一色である。プレゼントを抱えて道行く人々を横目に見ながら私達は事務所探しに専念した。

流石に世界のニューヨークそれもマンハッタン、家賃の高さは尋常ではなかった。2人は毎晩心身ともに疲れ果てたのだが、営業開始日から逆算すると諦めることはできなかった。色々調べて行くうちに、実は競合他社でマンハッタンにショールームはあってもメインのオフィスを構えている会社は1社もなかったのである。

そこで私達は発想の転換を図った。眼鏡フレームは二面性を持った稀有な商品である。視力を矯正するための医療機器でありながら、同時に顔の真ん中にかけるためにファッション性も同時に要求された。当時世界のファッションといえば、パリ・ニューヨーク・東京である。だからニューヨークの名前はイメージとして絶対に欲しかった。ここにニューヨーク独特のカラクリが潜んでいることに気づいた。

多くの他の競合他社は皆んな、マンハッタンではなくその郊外にオフィスを構えていた。実はそこもニューヨークであったのである。例えばマンハッタンの5番街ならば、100, Fifth Avenue, New York, NY、郊外のグレートネックならば、235 Community Dr. ,Great Neck, NY である。いずれにしても NY という言葉が記されるのである。ニューヨークのシンボル NY はマジックワードである。実はニューヨーク州は広大な農業州、マンハッタンを1歩出ればのどかな田園風景が広がる。

しかし我々はニューヨークと聞いただけであのマンハッタンの摩天楼群を咄嗟に思い浮かべるのである。道理で競合他社は家賃の安い郊外にオフィスを構えている、私達はこれだと思った。私達はそれから一気に郊外のロングアイランドに飛び、難なくグレートネックという街にまずまずのオフィスを見つけることができた。大きさは倉庫も必要だったので確か400坪くらいのものであった。唯ビルの真ん中のロケーションだったので商品の搬出入の扉を除いては窓なしのオフィスであった。

いよいよニューヨークへ乗り込む

翌年1月15日、全社挙げての壮行会が開かれた。そして翌日、米国進出プロジェクトのために4

か月程愛知の実家に預けた5歳の一人息子を加えた私達親子3人と、M君夫妻の2人を合わせた5人は機上の人となった。大阪伊丹～ソウル～アンカレッジ～ニューヨークのロングフライトでヘトヘトに疲れた私達を待っていたのは寒い真冬の雪降るJFK空港であった。期待と不安が交錯する5人の心の中に去来するものは何であったのか⁉　今尚忘れることのできない情景であった。

取り敢えず予約してあった空港近くのホテルに直行、即爆睡と相成ったのだが、私達にはのんびりしている時間的な余裕など一切なかった。何故ならばすべては3月1日の営業開始に照準が合わされていたからである。

喫緊の課題は住む場所の選定であるアパート探しと車の購入であった。その時には既に現地でセールスマネージャーを採用してあったので、その点彼が大いにヘルプしてくれたので助かった。

私達はいずれ棲み家を購入する予定だったので、取り敢えずM君のアパートに暫く居候することとなり、そこで営業開始に必要なすべての準備が行われた。狭いアパートの2階は一気に仮オフィスとなりコピー機やら事務用品で一杯となり、また仮倉庫の役目も果たしたから日本からの商品の受け取りや収納もそこで行われた。

毎週多くの段ボール箱が配達され各部屋まで山積みとなって来て寝る場所もなくなって来たので私達は急遽近くのボーディングハウスに引っ越した。そして50箱以上になったであろうか、階下に住む人のよさそうな大家さんもとうとう堪忍袋の緒が切れて「ここはアパート、倉庫じゃないからいい加減にしてくれ！　そのうち箱の重みで天井が抜けるぞ！　何とかせい！」とのキツイ通告をもらったのである。私達は平身低頭して謝り、幸いにして事務所に入居できる状態となったのでやっと全部の段ボール箱を移動することができたのである。

難産の末無事出産

事務所に入居してからはもっと忙しかった。家財道具や事務用品の搬入、電話やテレックスの設置、電気や水道の依頼、倉庫棚の設置、社員の採用、営業開始と同時に行われる展示会のブース作成、ポスターや会社案内準備等々時間はいくらあっても足りなかった。毎晩深夜まで働き時に午前様になることもあった。

そして真冬だったので積雪にも見舞われたが、窓がないために会社を去るときまで雪が降っていることさえわからなかった。そして心身共に疲れ果てた状態でのスリップする雪道での運転は辛かった。全精力を運転に集中させなければならず、疲れは倍加したのである。

それでも曲がりなりにも3月1日の営業開始に間に合った。その日はマンハッタンのヒルトンホテルが展示会場であった。私達は会場の中でも一番スペースの小さなブースをレントしそこに商品やら販促物、ポスター、会社案内等を陳列した。こうして日本の眼鏡フレーム業界からはじめての会社の米国進出の幕が切って落とされたのである。

一般客は殆ど素通りして行く中で他社のセールスマン連中のブース立ち寄りが目立った。米国市場参入の前に、私達はアメリカにあるフランス系の大手の会社に少量だが我が社の商品を卸した経緯がある。「アメリカ市場にかつてないほど高品質の日本商品がやって来たぞ」多分そこの会社の連中か、その噂を聞いた関係者が我が社の商品をチェックしに来たのであろう。

彼等の評価は上々であったので、私達は気分をよくした。しかし、それが即売上に繋がるほど市場は甘くなかった。でもセールスマンのコミュニティーの中で、噂が広がって行けばより優秀なセールスマンが集まって来るだろうという確信はあった。

ともあれ僅か半年前にはまだデンバーでのんびりとコロラドの美しい山々と対座していた自分が、今は世界一熾烈なニューヨークのビジネスワールドに身を置いているなんて、その当時は想像だにしなかったのである。

3　先入観の壁の打破

日本企業米国市場進出の旗頭として

アメリカ市場参入時の項目でも述べたが、当時の日本製品は二流品とのレッテルを貼られていて、一流品といわれたドイツ・イタリア・フランス製の後塵をはいしていた。アメリカ市場においては既にヨーロッパより参入の大手メーカーがそれぞれに現地法人を設立しメーカー直販のビジネスをアメリカ市場で展開していた。かっては地元のアメリカメーカーも市場の半分くらいのシェアを維持していたのだが、既にその勢いはなく、トップ10の地位は殆どがヨーロッパ系の会社で占められていたのである。

その頃の日本市場といえば、ヨーロッパの一流商品と遜色ない、いやそれ以上の高価格高品質の商品が出回っていたのだが、大手メーカーは国内で十二分の需要があったので敢えて海外に市場を求める必要もなかったのである。その分業界全体としてアメリカ市場進出のタイミングが遅れたことは否めない。

しかし振り返って見れば、我々が「失敗の許されない冒険」をしなかったら、その後も日本企業のアメリカ市場進出は遥か後年になっていたことだろう。何故なら、我社の進出が成功、そして瞬く間に軌道に乗ったのをみて、以後続々と同業の日本企業がアメリカ市場に参入して来たのである。この件についいては、後ほど別の項で述べることにする。

先入観打破のアプローチ

私達はOPTIFAIRの展示会を契機にアメリカでの営業を開始した。しかしながら5人のレップを雇いスタートしたものの、当初は中々売上が上がらず苦戦した。展示会では入場者達からまずまずの評価をいただき、ある程度の注文も取ることができた。それなのに何故か？　という疑問が湧きレップ全員の意見を聞いたら、彼等は顧客にサンプルを見せることもできないといった。

道理でと思ったのは、展示会ではウインドウや壁掛けのラックにサンプルが置かれ皆んな自由にそれを手に取り品質とか機能性のチェックができたので、納得がいけば注文をくれたのである。

ところが街角の個々の小売店である眼鏡店では、全く異なる環境が存在したのがわかったのである。私はこの目で確かめたく早速近隣のレップとの同行セールズを実施した。その模様はこんな感じであった。

購入担当者「どこの会社か？」
レップ　「シャルマンです」
購入担当者「聞いたことがないな。どこから来た？」
レップ　「日本のトップメーカーです」
購入担当者「そんなもの見なくてもどんな商品かわかる」
レップ　「でも一度見てください」
購入担当者「見なくともわかるから帰れ、帰れ！」

このやり取りを見た私は、レップと話をし、次のお店でも恐らく似たようなことをいわれるから、少しアプローチを変えろと指示した。そして案の定、同じ様な会話のやり取りが始まった。しかし、レップは諦めることなくセールストークを続けた。

レップ　「ところでお聞きしますが、あなたのカメラはどこ製ですか？　テレビのブランドは？　車は何に乗っていますか？」
購入担当者「そういえば殆どが日本製だなぁ～」
レップ　「なら日本のそれらの工業製品をどうお考えですか？」

購入担当者　「価格は少々高めだが品質がよくて中々壊れないから大いに満足しているさ」
レップ　「では、それらの工業製品はよくて、なんで眼鏡フレームになると見向きもしないのですか？　買っていただかなくても結構ですから一度でいいから騙されたと思ってサンプルだけでも見てください。そうすれば私がいっていることを理解できると思います」

してやったり

そしてとうとうレップは持参のサンプルバックを開けることが許されたのである。早速サンプルを数点購入担当者に手渡し見てもらった。しかし購入担当者は「これは日本製ではない！　今まで見てきた日本製と全然違う」と暫くは信じてもらえなかった。その上各々のサンプルの価格を提示したら、これまた信じてもらえなかった（笑）。結局購入担当者はサンプルバックの中の全商品を見る羽目になったわけだが、それは思惑があってのことだった。何故なら我々が帰る間際になって注文を始めたのである。

レップと私は「してやったり！」と眼を合わせたのである。お店の商品陳列棚の数量は決まっている。我々のような新しい仕入先を採用するためには既存のどこかの仕入先と取り替えなければならない。それが所謂面取り合戦である。そして次なるステップは、そのお店の陳列棚の中の自社の商品を増やして行くことである。

商品はただ陳列されているだけでは駄目である。消費者が買ってくれることにより初めて販売が成り立つのである。これが所謂リピートオーダーもしくは電話注文といって、商品や売上の動向を見るのに大事な指標となって行くのである。

幸いなことに、その当時のアメリカ市場では高品質ではあるが価格をボリュームゾーンに抑えた商品というのは皆無に近かかったのである。私はかって価格戦略のやり取りで主張したことがある。アメリカの小売店にしても消費者にしても非常に合理的な考え方をするから、品質がよくて価格が安い商品が一番と思っている。ところが日本人は高品質であれば価格も当然高くなければいけない、そうしないと却って買わなくなる（笑）。この辺りの商品に対する考え方のギャップは想像以上に大きいことを知ったのである。

地道な努力の積み重ね

私はセールスマネージャーに話し、そのようなセールストークのトレーニングを指示した。そのお蔭もあってか既存のレップの売上は徐々に伸びてきて、それはまた彼等のシャルマンフレームを販売する自信にも繋がっていったのである。

勿論新しいテリトリーの新しいレップは既存レップと同じ様に先入観の壁の打破をまずしなければならなかったが、その際のアプローチはマネージャーからトレーニングの際聞いているので、先輩レップ達よりは売上計上のスピードが遥かに速かった。そんなレップの地道な努力を続けながら私達は徐々に売上を伸ばして行ったのだが、やはり最初の1～2年は苦労の連続であった。

4　離陸から計器飛行に移る過程

会社経営のイロハ

私は経営に関してはズブの素人だったので、本社での研修期間中とか共に出張中とか折に触れ、その要諦とかポイントを一生懸命にオーナーやT専務から学んだ。促成栽培は否めなかったが、それでも次のようなことを頭に入れ会社経営に乗り出した。

⑴経費は必ず増加するものと心得よ。会社は従業員数や設備投資、それらは増加するものである。

⑵増加した経費に見合う売上高（粗利益額）の増大を計らないと、前年より利益が減少するか損失が発生する。販売なくして事業なしともいえよう。

⑶売上高は、企業規模の縮小をしない限り来年もその次の年も増加しなければならない。企業の宿命として無限持続的な継続のためには売上高の増加をし続けることが必要である。コスト削減やリストラなどの一時的処方では利益計上はできても、中長期の成長は期待できないからである。

⑷売上高は商品を顧客に買ってもらうことにより実現する。販売なくして企業の持続はできない。それは如何にして顧客ベースを維持拡大して行くかの課題を常に持ち続ける必要がある。

でも売上至上主義だけでは、会社経営は上手くいかない。安定成長を目指すのであれば、売上拡大と共にしっかり利益を出しモラルある采配の下で顧客と社員の満足度を高める努力が不可欠である。

利益意識の欠如した売上至上主義の中小企業はとても多いと聞いたので、私は絶えず利益を意識した経営を心掛けるようにしたのである。

飛行機は離陸時にエンジンを全開にする

とはいえ、立ち上げたばかりの会社でそんな綺麗事をいっていても埒が明かないことはわかっていた。暫くは先ず最初に売上がありきでなければならなかった。それは恰もジャンボジェット機の離陸に似ていて計器飛行に移るまでは何が何でも売上を上げることが会社を軌道に乗せるためには必要且つ絶対条件であった。あの重い機体を浮揚させるのにはエンジンを全開にしフルパワーで加速しながら行うのが離陸である。

ということはスピードを上げなければ失墜してしまい挙句悲惨な事故が待っているのである。売上が上がらずに経費ばかり出ていく状態では、会社の失遂は時間の問題である。

私はこの仕事を始める前は、一切眼鏡に関係がなかった。でも今考えると知らぬが仏がよかったのかも知れない。知らない者は強いから単純な話が、例えば営業開始後暫く経った頃売れないときでも1日に50枚とか100枚は売れていたから、眼鏡というのはよく売れるものだと思ったのである。何故ならそれまで私は消費者サイドの人間であったから5~7年に一度でしか買い替えなかったのである。

ところがオーナーから「そんな甘い考えでは駄目だ、もっと売るための戦略を色々考えろ」とお叱りを受けたのだ。そして取った方法がレップをドンドン増やそうということになった。

同行セールスでアメリカ全土を駆け巡る

私の片腕のM君はバランスの取れたオールマイティタイプの優秀な人間だったしその頃になると会社を取り巻く経営環境にも慣れ、日常業務をほぼ彼に任せられる状態になっていたから、これ幸いとばかりに暫くは販売に専念することにした。レップを増員したこともあって、私は思うように売上が伸ばせないレップを中心に同行セールスを試みた。

会社は創生期でもあったのでトータル的にはレップの数は少なかったが、できればいずれは全員との同行セールスを果たそうと決めた。苦戦しているレップの問題は以前述べた日本製品は二流品という小売店のバイヤー達の先入観の壁が中々打破できていなかった。したがって私は同行した際にあちらこちらで同じアプローチを繰り返し、殆どの場合それが効を奏した。

また広大なアメリカ市場のこと、会社のトップが遠隔地の小売店など訪問販売するのはまずあり得ない！　だから最初は信用してもらえなかったが、名刺を差し出すと初めて敬意を表し温かく迎え入れてくれた。

そんなこんなでご祝儀的にアカウントをオープンしてくれた顧客もかなりあったから、私なりに売上貢献ができたと思っている。

名選手必ずしも名監督ならず

販売部隊が拡大して行くにしたがって、私はナショナルセールスマネージャーのレップの管理能力や販売戦術のアイデアの欠如に懸念を抱き始めた。彼はかって業界トップの会社の優秀セールスレップであり自らの販売力とか業界の仕組みと商習慣とかに長けてはいたが、長い間の一匹狼というか独立商人的な考えで凝り固まってしまって人や組織を管理することができなかった。

一介のレップであったが故にトップの会社に長いこと勤めていたとはいえ、マネージメントの経験はゼロで所謂名選手必ずしも名監督ならずの典型的な例であった。いずれは販売マネージメント経験のあるマネージャーを競合他社から引き抜いてこなければならないだろうなと思い始めた。会社というのは成長する段階でその時期に相応しい人材が必要になる。勿論既存の社員が会社が大きくなるにつれ彼等も成長して行くことが望ましいことはいうまでもない。

情報ネットワークの重要性

営業開始から1年くらい経ったある日、業界でもトップテンに入る競合他社のリージョナルマネージャーが私達にアプローチして来た。フランス系の会社であったが、トップマネージメントと自分が求める方向性が違い始めたから転職を考えているとのことだった。

私とM君は彼と極秘に面接をし多くの質疑応答の時間を持った。彼は特別にキレる人材との印象は受けなかったが、かって一時期メジャーリーグの選手をしていたほどだから長身で貫禄があり親分肌の様相をしていた。

　彼なら現在並びにこれからの販売部隊のリーダーとして海千山千の連中を管理して行くことができるだろうと思った。しかし私がそれ以上に興味を持ったのは、彼はマネージメントの一員としてその競合他社が業界トップテンになるまでのノウハウをある程度まで熟知していたのである。

　今のナショナルセールスマネージャーは、タイトルは全米とはなっていても、所詮ニューヨーク近辺しかネットワークを持っていなかったのだが、新しい候補者は全米にセールスレップや業界関係者のネットワークを持っていたのである。

5　徹底した現地化と現地法人の成功要因

ローカライズ戦略

　私達が米国市場に進出した当時は盛んに「グローカル企業」という言葉がよく使われた。海外で現地企業のように経営する戦略をローカライズ戦略というか現地化戦略ともいわれる。海外進出した際、経営を現地の文化や地域性ごとに対応させるのが特徴である。

　グローバル化の時代にこうした地域戦略を用いる企業をグローカル企業というようだが、企業がグローバル化することで国内外のマーケットを開拓できたり、海外に拠点を持つことにより生産の低コスト化をできたりなどの様々なメリットが出て来る。しかし進出する国によって文化や宗教や法律や治安等が異なるために、海外進出すれば成功するとは限らない。むしろ安易な海外進出はリスクが多いといえよう。

パイオニアとして

実は私達は福井県から、また日本の眼鏡フレーム業界からアメリカ市場に進出した初めての企業であったので、多くの人達の注目の的となった。いわばパイオニアということなのだが、勿論先達の成功事例とか教科書等一切なかったのですべてが手探り状態であった。

現地の法律や規制やビジネス慣習、商品やサービスのニーズへの把握と対応を理解することも重要であった。

しかしながら雇用に関しては、給与体系や昇進システムの最適化が私が最も慎重に進めた分野であった。些細なことで現地の社員と思わぬ摩擦が生じる可能性もあり、会社経営を始めてからは試行錯誤のプロセスを通じ問題が発生すると修正と改善を繰り返し行ったのである。何故なら月並みな言葉ではあるが、会社の大小に関わらずまた古今東西「企業は人なり」と私は確信していたからである。

現地法人の成功要因

後年多くの人達に米国シャルマンの成功要因を聞かれたが、私は数点ありますと答えた。ハード面では競争力ある商品を次から次へと市場に提供できたグループの企画開発力や、あくなきコスト低減の企業努力、ソフト面では経営の徹底した現地化。

そして一番大きかった成功要因は、本社が米国現地法人の運営については殆どすべてを現地に任せてくれたことである。

このオーナーの「君に任せたから思い切りやってくれ！」との類まれなる度量のお陰で、私達は現地法人の管理運営に専念できたことは誠に幸運であったという他ない。何故ならば、一般的には海外現地法人は常に日本サイドに顔を向ける。大事なことは、顔を向けるのは日本ではなく現地のアメリカ市場である、との基本がわからない現地法人はことごとく失敗する。

親会社の意向に沿いながらその操り人形みたいな経営を余儀なくされるから、途中でおかしくなったり最悪撤退の憂き目を見る例があまりにも多いのである。本社の上層部には耳が痛いであろうが、彼等がたまに出張して来てアメリカの市場の本質や経営環境や競合状態などどれほど理解して、現地法人に命令を下すのであろうか⁉

当然のこととして現地のことは現地が一番よく知っている。かっての太平洋戦争で最前線からの情報を無視し、改竄し、隠ぺいし、遠く離れた所にいる上層部の暴走というか誤った判断や決定でどれだけ戦局を不利に導き敗戦の憂き目にあったのかその例は計り知れない程多い。

現地に根差した経営姿勢

勿論根っこの部分では米国現地法人はグループの世界戦略の一環としての位置づけをわきまえ

それに相応しい行動を取っていくのは当たり前のことではあるが、そこにはTHINK GLOBAL, ACT LOCALの共通認識がグループ内で醸成されていたので、後程述べるあちらこちらでの海外拠点の設置成功は、本社がその方針を貫いたことが誠に大きな成功要因であったことを強調したい。

私は創生期の社員数人の時代から300人余りなったときまで常時彼等にいい続けて来たことがある。それは「米国シャルマンは書類の上では日本の会社であるが、アメリカの法律によりアメリカの地で産声を上げた会社である。したがって、この会社はあなた方アメリカ人社員の、アメリカ人社員による、アメリカ人社員のための会社である。どうかそのつもりで日々鋭意努力を続けていって欲しい。そして私はあなた方のために、比類なき独特のコーポレートカルチャーをつくり上げて行くことを約束しよう」。

モチベーションを下げる日本的人事異動

統計によると、全米には約4000社程の日系企業の現地法人がある。現地化を積極的に進めて来た企業はいずれトップにアメリカ人を据える。しかし今尚その数は少ない。概ねトップは日本から派遣されて来てある程度の任期を勤めあげると帰国、新任者がやって来る。しかしそういった類いの人事異動を現地の社員達は冷ややかに見ている。何故ならトップが会社と共に身を挺してという姿勢が感じられず、腰掛社長とみなされるからである。

トップに限らず幹部社員も日本から派遣されてくるが、これとてウエルカムではない。何故なら彼等は現業部門で日々采配を取らねばならず、英語もろくすっぽ話せずアメリカのビジネス事情に疎く経験もない俄か上司の下で働く現地社員はたまったものではないのである。私達の場合もその例に漏れず、一応現地のトップは創業以来日本人の私である。しかし他の大方の会社とは大きく異なった点があった。それが現地社員の安心感安定感に繋がったのである。

真の船長は船の浮き沈みを共にする

まず初めに私は創業者的トップであり、途中から派遣されて来た駐在員社長と異なり、会社をゼロから立ち上げ軌道に乗せたというカリスマ性があった。その上白人のアメリカ人女性が女房ということで、アメリカ人の心がわかるトップという共通認識が社員の中で定着していた。

言い換えれば、このトップは会社の命運と共に行動しこの地に骨を埋める気概がある、そして夢を与えてくれる、真面目に仕事をし彼を信頼し彼に付いて行けば先ず先ずの未来がやって来るのではないか!?　私は多くの社員の目が輝いていることからそのことを感じたのである。

いいとこ取りのマネージメント

多くの会社は現地化という言葉を曲解し、日本のやり方を捨てて現地に合わせたマネージメントをと考えてしまい勝ちだが、私は日米双方のいいとこ取りのマネージメントを試みた。当然日本企業が現地に進出する際には「変わらなければならない部分」がある。しかし「日本企業のよさを活

〔図表1　シャルマン本社工場〕

かせる部分」もあるのである。私は「変わらなければならない部分」は報酬体系と人事制度、そして評価制度の合理性と客観性であると思った。

また「日本企業のよさを活かす部分」は長期的な成長を見据えた家族的経営とチームワークの確立である。例えば典型的な日系企業は、上層管理職は本社駐在員ばかりで出世できないという「ガラスの天井」的なものがあり、それによりやる気を失い去って行く優秀な現地社員は少なくない。だから私は会社の成長と共にドンドンアメリカ人の社員を幹部に登用して行ったから、それがまた社員のやる気にも繋がって行った。

一体感を生み出すために

海外進出するに当たっては日本企業が得意とする一体感を生み出すマネージメントも非常に重要である。国籍や肌の色が違っても皆んな同じ人間、組織に対する愛着は原動力の1つになるのである。毎週月曜日には朝礼を開き先週あったこと、今週あることの情報を社員全員に共有させた。また毎月初めには先月の結果報告をし、売上やその他の目標を達成した場合には心ばかりではあったが、全員に金一封を渡すことで達成感や一体感を醸し出す努力をして行ったし、月間の優秀社員の表彰も併せ行った。

アメリカ人にとっては誕生祝は本人にとってはビッグイベント、したがって、その月に誕生した社員をひとくくりにして昼休みを利用し社内でバースデーパーティーを開いてやったし、会社の創業記念日とか駐車場にてバーベキュー大会、クリスマスには全社員を夫婦同伴で招待し一大パーティー。こんなことの積み重ねで、独特な企業文化が醸成されて行ったのである。

6　展示会とイベントビジネス

眼鏡フレームビジネスで避けて通れない展示会

それまで展示会とは無縁の世界であったが、眼鏡フレームビジネスに携わるようになってから一気にその洗礼を受けた。特に世界戦略を事業の柱とするような我々グループに取っては、年中世界各地の展示会に出展、多くの社員がこぞって出かけて行く構図となっている。そのコストたるや半端なきものがあるが、まあそれに見返るものがあるから継続して行けるわけである。

グローバルな意味での大きな展示会は毎年、イタリアはミラノ、フランスはパリ、アメリカはニューヨーク、そして日本は東京で開催され、我々はほぼ毎年参加する。したがって、私も各都市への出張はそれぞれ20回は下らない。また以前はドイツでも大きな展示会があったし、香港やメキシコ、そしてブラジルの展示会まで出かけて行ったことがあった。正にオプチカルビジネス=展示会ビジネスといっても過言なきほどである。

最もアメリカを除き各地で開かれる展示会の準備や期間中のブース管理や営業は各地域にあるグループの販売会社が担当するから、我々は専らファッショントレンドとか新しい素材とか技術開発の調査やアイディアの取得に一生懸命となる。勿論現地での観光は殆どなし。ひたすらホテル～展示会場の往復である。

ある種のショービジネス

日本では展示会とか見本市は一種お祭り的雰囲気が強く、積極的にビジネスを展開する発想は少なくブースは単なる宣伝としてのショーウインドウ的な存在と捉えられる傾向が強い。これに対し諸外国で行われる展示会は純粋に「商談・交渉・契約の場」であり、出展社が積極的に取引を拡大するための場である。したがって展示会出展の目的を明確に設定することが非常に重要である。中長期的な経営目標を達成するためにマーケティングの観点から設定しなければならないのである。

多額のコストが伴う展示会は単なるショーケースではなく、中長期的な計画にのっとったビジネスプランの極めて具体的な実践の場である。そうした観点から展示会を利用するための情報インフラもかなり整っていて、会場の器のサイズばかりでなく、中身も充実しているのである。

ちなみに東京ビッグサイトの展示会場の広さは世界では68番目、一番大きな展示会場はその6倍の広さがあるといわれ、日本は展示会やイベントや見本市ビジネスにおいては世界的にみたら全く後塵を拝しているともいえるのである。

展示会は業界の毎年の同窓会

さてここアメリカの展示会事情に触れよう。勿論ここでの展示会は「商談と発注の場」である。アメリカは国土面積が日本の26倍と広く、マーケットも巨大で、メーカーやサプライヤーも全米に散らばっている。そこでメーカーとかサプライヤーが小売店バイヤーと毎回同じ時期同じ場所に集まって行う展示会での注文方式が定着している。眼鏡フレームビジネスでは取り分け新商品発売をこの機会に各社とも発表するので、バイヤー達の目は真剣そのものになるのである。

外国から参加の企業は大きなブースはコスト的にも中々構えられないが、展示会での販売を積極的に促進するアメリカ企業は、毎回同じ展示スペースにブースを構え、存在感をアピールするわけである。業界の同窓会たる所以は、アメリカはもとより毎年世界の各地で開催される大きな展示会には全世界の業界関係者が集う。会わせる面々も全く同じとなると、正に業界の同窓会ともいうべきものか。しかし、そこでの情報交換が未来のビジネスの趨勢を占うのに大変重要な要素ともなっているのである。

マーケティングのツールの一部として

かえり見れば我々は広大なアメリカマーケットの大した市場調査もせずに1983年のOPTIFAIR（今のVISION EXPOの前身）に出展してそのときより営業を開始した。展示会に出て「市場性を見極めたい」「可能性を探ってみたい」「反応をみたい」「意見を聞きたい」その上でアメリカ市場に合致した価格・デザイン・サイズ・カラー・パッケージング等を決める所謂ローカルフィットネスのプロセスを取りたかったのであるが、それは叶わず正に走ってから考える、あるいは走りながら考える経営を暫く続けたのである。

しかし、そのやり方は必ずしも間違いではなかったような思いがある。何故なら商品だけを見て注文するバイヤーはむしろ少数であり、その会社の流通や販売の体制を見て一緒に組める会社であるかどうか、信頼できる会社であるかどうか判断して商品を仕入れるかどうかの決断するからである。逆に市場調査のための出展は意味がないのかも知れない。商品の準備、販売流通体制の準備を徹底して行い「注文を取る」ための出展をすべきなんだろう。

例え少量であっても展示会で注文が取れれば次の進むべき方向が見え始め、ビジネスはそこから滑り出すのである。

マーケティングが企業や会社が自社の製品や商品及びサービス等を売るための活動とか売れる仕組みづくりと考えるなら、この展示会は正にそのツールの一部として絶対に無視できない存在であることは間違いないのである。

アメリカンビジネスの怖さ

この展示会に出展するコストは半端なきものがある。ブース作成費、搬入設営取り壊し搬出、保管コスト、ブーススペース代、レップも主に近隣から招集するが遠隔地のレップも必要に応じてやってくるから彼等の飛行機代、ホテル代、食事代、場合によっては有力顧客を招いて船上パーティーさえ開くことがある。今はニューヨーク及びラスベガスで大きな展示会が毎年あるので予算は軽く億を超えるほどのものである。

展示会はまたレップの情報交換の場、転職の機会でもある。競合他社から引っこ抜いたり、引っこ抜かれたりは当たり前の世界ではある。また業界雀達が中小の会社はまだしも、大手各社のブースの大きさを見てその会社の趨勢を噂する。前年より縮小したら最後、不思議なことにその会社が再び蘇えって来ることはまずない。勿論前年まで出展していた会社がたまたま今年ブースを出さなかったらまず終わりの兆候である。だから会社の勢いを常に上向きにしておかないとあっという間に転落の道を辿るのがアメリカのビジネスの怖いところである。

ユニオンとの付き合いもビジネスの一部

ブースは現地のブース設計・施工会社と提携を結び、ブースデザイン・制作から展示場での施工、展示後の撤収とブース保管までワンストップサービスを提供してくれる。展示会では毎年のことなのでブースは繰り返し使うことを前提につくられ素材や施工方法は展示会の規定に沿う必要がある。そして、アメリカの展示会で厄介な問題はユニオンの存在である。

その会場内ではユニオンを使わねばならないのである。工事はもとよりモノの運搬もユニオンを使う必要があり自分の荷物でさえ台車で勝手に運ぶ込むこともできない。また工事内容によってはユニオンに別発注する必要も出て来る。その場合、工賃を含め保険等もユニオンのいうなりに支払わなければならない。まことしやかにささやかれているのはユニオンは裏でマフィアと繋がっている。だから彼等と対峙などしたらその報復はいつ如何なる形でやられるかわからないのである。

実際、私は20年余展示会ビジネスに携わって来たからその例を色々と知っている。概ねアメリカのそういったシステムを知らない外国からの出店者がやられるケースが多い。現場での施工管理を手際よく行うことは設計・施工会社の真価が問われるところでもあるが、私は営業開始以来同じ会社を使い続けて来たので、そこのオーナーとはすこぶる良好な関係を築いて来た。お蔭で今まで一度も展示会場での問題に出くわしたことがないが、一説には彼もその筋の人間といわれている(笑)。君子危うきに近寄らずではある。

7　是々非々で臨んだ販売部隊管理

国土の広大さがセールスレップ制度を生んだ

我々は販売会社。したがって、物を売って何ぼの会社だから必然的にセールス部隊の優先順位は高い。極端なことをいえば、彼等の管理次第で会社の業績がアップもすればダウンもする。アメリカの販売形態は国土があまりにも広大なために、レップ制度を採用している会社が殆どである。

そして、我々の業界ではほぼその半数は女性である。商品がファッショングッズの性格を帯びているからなのだろうか⁉　彼等は独立商人的な意識があるから、大部分はコミッション性の雇用契約となっている。もっとも、会社によっては給料方式で日本の営業マンみたいに子飼いにしているところもあるが、給料ベースで雇ってしまうとあまり働かない。アメリカ人というのは面白い国民性を持っていて、ハングリーな連中は働けば働くほど収入が増えるほうを選ぶ。その代わり出来高払いだから働かなければ収入は激減する。

セールスレップの遠隔操作は至難の技

アメリカはセールスレップ王国である。レップに対しての法律が寛容にできていて彼等を保護するような法律が多い。上司や会社には一切縛られないし、時間の使途も自分でコントロールできる。本社の社員みたいに、朝は8時から夕方は5時まで就業とかこういう服装は着てはいけないとかバケーションなどに関する細かい就業規則など一切ない。したがって、会社が与える目標をクリアーして行けば後は何をしようと一切干渉することはない。

最終的に信用できるのは数字しかない、プロという自覚があるのなら数字を示せ！　冷たいようだけれども私も数字しか信用しない。目標をクリアーしていれば午前中だけ働いて午後はビーチで横になろうがバーで飲んだくれようが、月に半分しか働かないと豪語しようが私はとやかくいわない。

しかし、その逆に数字が上がらず、その理由のいいわけをタラタラいって来るレップは容赦しない。だって、彼や彼女が遠く離れて管理している状態では彼等が毎日何をやっているのかはさっぱりわからない。いいわけ一切問答無用、期限を切って目標に到達しない場合は、お引き取り願うわけである。厳しいかも知れないが、アメリカの海千山千のレップ達を管理して行くためには、硬軟織り交ぜた是々非々の管理が必要である。

専属レップとマルチレップの違い

レップの受持ち区域はテリトリーとして決まっている。テリトリーというのは元々アメリカのような地理的に広大な市場を如何に効率よく販売管理ができるかという発想から生まれてきたもので、全米50州あるが業種や会社の規模によりアメリカ全土を30とか50とか70に区分けする。彼等が販売する商品は大方会社と彼等との力関係により決められる。

一般的なレップは所謂マルチレップと呼ばれ2~3の競合他社のものを同時販売したり、更に眼鏡フレームだけでなく装飾品とか眼鏡ケースなども集めてセールスする連中も結構いる。

当社の場合は最初から眼鏡フレーム以外なら併売を認めたが、フレームに関しては競合他社の商品を扱うこと許さないというほぼ当社商品の専属レップ的な形態を取った。名もなき新参者の会社としては異例のスタンスを取ったわけで、彼等に対しては所謂独立的商人ではなくほぼパートタイム社員のような取り扱いをしたのである。

厳しいテリトリー制

彼等の仕事は、商品サンプルとか販促物とかカタログとかラップトップコンピュータとか販売に必要なツールはすべて会社から支給した。彼等はそのサンプルを持って街角の小さな各小売店（眼鏡店）を廻り注文を取ってホームオフィスへ送って来る。それに対してホームオフィスでは色々なプロセスを経て商品を顧客に送るわけである。送った商品は売上に記録し月締めにして何％かのコミッションを支払うのである。顧客が電話で注文してきてもそれはレップの売上となる。彼等のテリトリー内の売上はすべて彼等のものとなる。

それは契約時にホームオフィスから提示されたテリトリーでそこでの権利は守られるのだが、その代わり隣接するテリトリーに以前から懇意にしている顧客があっても営業することはできない。これは他人のテリトリーを荒らすことになるので、レップ間でいわず語らずの厳しいルールが存在するのである。簡単な例は、大部分のアメリカのレストラン。ウエイトレス同志は他のテーブルの顧客の取り合いをしないということと同じであろう。

プロ意識に徹するセールスレップ

アメリカのレップが最も神経質になるのはテリトリーのこととコミッションである。例えばテリトリーをカットするとかコミッションの％を減らすとかそういう話をチラッとでも持ち出すと、日頃少しでも不満などがあるとワア～と爆発するわけである（笑）。当然期首には各レップごと、言い換えれば、テリトリーごとに目標を設定する。目標に対してそれがクリヤーにできない場合は忠告を出し、それでも改善できなければ首にする。

この社員は営業には向かないから配置転換で別の部署へという日本的な考えは一切ない。それはまた彼等もプロ意識があるから、労使双方が普通に受け容れている雇用形態なのである。

そしてそのレップの代替は、そのエリアの中での競合他社から引き抜いたり新聞広告を出し募集したり口コミで探したりする。勿論逆に競合他社に自社の優秀レップを引き抜かれることも覚悟しなければならない。

セールスレップの営業範囲

レップ制というのはアメリカで発生した独特な制度である。片や日本では本社があり支店とか営業所があり、また営業マン1人当たりの担当件数は50軒あるかどうか⁉

ところがアメリカのレップはベテランともなると1人で350軒くらい自分の顧客を持っている。恐らくこれはサービスの形態が異なるためか、あるいは顧客が仕入先に対して要求しているサービスの度合いが違うのか、ともかく日本では営業マンが煩雑に通わなくてはならない、所謂御用聞きになってしまうのである。

しかし、こちらのレップは6週間～8週間に一度のサイクルで訪問するのである。逆にしょっちゅう行くと叱られるのである（笑）。多い店になると色んな会社や種類のレップが20人、30人といるから彼等の対応に時間を取っていると日々の仕事がこなせなくなるし、きめ細かなサービスはあまりやっていないのである。

顧客とセールスレップと会社の関係

基本的に存在しているのは、顧客とレップは対等な立場にあるということ。日本の場合は、常に顧客上位。

しかしアメリカではそれが対等なのである。レップは競争力ある商品を提供することにより顧客にメリットを与え、顧客はその見返りとしてレップに生活の糧を与える。そういった暗黙のうちの理解がお互いにあるようである。新しいレップは最初は中々買ってくれなくとも辛抱強く営業を続けて行けばそのうち少量でも注文をくれるようになる。レップをいじめると彼等は横で全部繋がっているから店の評判も悪くなり、いい商品や新しい会社の商品が入って来なくなる。

日本の場合は、仕入先の会社と小売店の結び付きが強いから営業マンが変わろうと会社と小売店の関係はがかわることはない。ところがアメリカの場合は、レップが変わると顧客は今までの商品を返品して来て以後買わなくなるケースが結構多いのである。

そのレップがいるから買うんだと、だからレップと顧客との結びつきが非常に強く、レップが他社に移って行くと顧客も同じように移って行くのがアメリカのレップビジネスである。

また逆に、顧客のバイヤーが変わると仕入先も変わるケースも非常に多いから常に油断ができない状態ではある。日本的な顧客と営業マンと会社との所謂三角関係はあまり見られない。

セールスレップと会社との力関係

そのテリトリーで売上を上げて行くためには優秀なレップ確保が大前提となる。こちらに進出してきた当時から、ともかく優秀なレップを雇うことに苦心して来た。ところが、今までの会社で年間10万ドル稼いできたレップが新しい会社に移る場合、まして発足当時の我々は非常に小さな会社しかも知名度がないから、彼等に取っては大きなリスクを伴うわけである。

例えば、セールススキルが長けているとか沢山の顧客ベースを有していてもリスクに対してある程度の保証をしないと雇用できない。そこで向こう1年間の収入の保証をしそれから先は本人がドンドン開発して前と同じような収入を得よ、とそういった形で保証をしてやる。新しい会社は皆んなそうである。

とはいえ、我が社も徐々に力を付けて来たし市場でもセールスレップの間でもかなり知られて来たから、我が社にくればお金儲けができると評判となる。こうなると今度は逆に我々が強くなり選ぶほうになる。

当社の提示条件でないと採用しない、嫌なら結構ですといえるようになったのである。

第4章

業界の常識を覆したサムライカウボーイ

1　業界でも知られた稀有なカウボーイ社長

屈辱的な体験

アメリカ市場進出前に訪れた業界専門誌の出版社の幹部に「大火傷をしたくなかったらアメリカ市場に本格的に参入して来ないほうがいい。確かに多くのヨーロッパのメーカーや卸会社はアメリカに販売会社を設立、大々的なビジネスを行っている。しかし彼等は眼鏡フレームの業界では一流製品の定評があるドイツ・イタリー・フランスの三国からの会社であり、それ以外の国から現地法人を設立し闘っている会社は1社もない。日本もしかり。二流品なのだから代理店とかディストリビューターを通じてのビジネスが常道だし、考え直しなさい」。

体よくノーといわれた屈辱的な体験は今も忘れない。

最大の業界誌からのインタビューを受ける

しかし、ニューヨークのヒルトンホテルにて開催されたOPTIFAIRのデビューから、我が社に対する出版社の見方とかアプローチの仕方は徐々に変わって来た。品質・デザイン・価格・サービス等バランスの取れた商品は既存の一流といわれたヨーロッパ商品と遜色ない、いやそれ以上の競争力ある商品との評判が業界内に広がり始めていた。売上金額的にはまだまだではあったが、センセーショナルな会社の登場というのはニュースとしては格好の題材であった。

そうこうしているうちに、とうとう出版社の編集長が私にインタビューを申し込んで来たのである。勿論かって私達の市場参入に徹底的な否定意見を述べた同社の連中は同行してくる筈はなかった（笑）。根掘り葉掘りの彼女のインタビューは2時間余にも及んだが、その中で彼女が最も知りたかったのは「シャルマン」という会社の全体像は勿論であったが、それ以上の興味は私のバックグランドというかカウボーイという過去歴であった。

カウボーイはアメリカ人の心のアイコン

カウボーイは今尚アメリカ人のノスタルジアをくすぐるフロンティアスピリッツを代表する彼等のアイコンである。特に男性は一度はカウボーイになりたいと憧れる対象である。まあ現実的には３Ｋそのものの仕事ではあるが、イメージの世界ではそんなものは排斥される（笑）。「サムライカウボーイ」というブランドを引っ提げてきた私の人生、ビジネスはもとよりあらゆる場面で有利に働いてきたことは誠に驚異という他ない。

大袈裟にいえば、そのアメリカ人の心を揺さぶるアイコンなかりせば、米国シャルマンはここまでの地位に辿り着いてきたかは甚だ疑問である。

それは決して我田引水ではないが、「サムライカウボーイ」というブランドがここまで功を奏するとは、私でさえも想像だにできなかったのである。

業界を走った驚愕のニュース

その業界随一の専門誌は毎週発刊されるのだが、数週間後シャルマンや私に関する記事が一面のトップに大々的に掲載された。一面だけでは足りず二面も使っての紹介は業界にショッキングなニュースとして一気に広まり「既成概念を覆すトップクラスの品質の商品供給する日本を代表するシャルマン、率いるマイク大谷はユニークなサムライカウボーイ。熾烈な競争のアメリカ市場に橋頭保を築き始める！」というような内容であった。

それから暫く、私はあちらこちらからの反響の大きさに驚愕もしたが、その対応に大わらわであった。そして、殆どの問い合わせが商品のことは二の次で、カウボーイライフの話題が凌駕したのは予想外の喜びでもあった。何故ならビジネス社会に首を突っ込んだ以上、西部の荒くれ男のイメージが強い「カウボーイ」に関することは暫く封印しなければならないだろうと思っていたからである（笑）。

センセーショナルなデビュー

それ以来、私は業界では「カウボーイ社長」として知られるようになった。またそのほうが私にとって都合もよくビジネスをする上で大いに役立ったことはいうまでもない。引き続きレップとの同行セールスを行うときも以前と比べて格段に楽になった。正直、私は商品に対しての深い知識や経験など持ち合わせていないからそれはレップに任せて、顧客との対話は専らカウボーイストーリーに終始した。

勿論、そこは私の特異且つ得意な分野であったから、顧客をこちらのペースに引き込むのに時間はかからなかったし、お店を去るときには、オーナーや購買担当者達から畏敬の念で見られたから悪い気はしなかった（笑）。

牙城への攻撃開始

それまで街角の個々の小売店である所謂一般店は、そういったレップが対応する地道な努力を続けながらビジネスの拡大を図っていった。しかし、アメリカ市場には巨大なチェーン店とか大型専門店が群雄割拠してあちらこちらでしのぎを削っていた。我々も当然の如く、彼等にアプローチしビジネス関係の樹立を試みて来たが、いかんせんアメリカ市場ではまだまだ新参者であったから中々彼等の牙城に食い込むことはできなかった。

我が社も一般店対応のレップを管理するナショナルセールスマネージャーと、そういった巨大なチェーン店や大型専門店の営業を担当するナショナルアカウントマネージャーを配置していた。

彼女は各社のバイヤー達とは顔つなぎはしていたが、まだ注文をもらえるまでの段階ではなかった。

それらはLENSCRAFTERS, COSTCO, WALMART, TARGET, NVA, PEARLEVISION, SEARS等消費者なら誰でも知っているような全国チェーンであった。

乾坤一擲の大勝負

社長は、会社のナンバーワンセールスマンとはよくいわれる言葉である。

私はこの分野での新規顧客獲得に乗り出すことを決め、マネージャーに先方とのアポを取るよう依頼した。

先ずはＮＶＡという最近日の出の勢いで伸びて来たチェーン店があり、そこの社長はアグレッシブで言葉使いが悪く傲慢な態度で有名であった。ともかく食い込むことが先決であったので相手を選んでいる余裕はなかった。

訪問時、形通りの挨拶がすんだ途端彼は「お前のところの商品は高過ぎる。だから俺の店で扱って欲しいのなら高額な広告宣伝の協賛金を出せ！　それができなかったらこれ以上話しても時間の無駄だから帰れ！」とけんもほろろであった。

このように相手を最初に脅すやり方は、かつてのどこかのディール好きの大統領みたいでアメリカ人に多いタイプ、私は当時から脅しとすかしの手法がわかっていたから別に怯みもしなかった。

それでもマネージャーは、一生懸命に彼や購買担当者に商品説明とかをしていた。

相手の懐に入ればこちらのモノ

すると、突然社長が「マイク、お前昔カウボーイをやってたんだって!?　もう商品のことはいいからその話を聞かせろ！」といい出した。私はいよいよ来たかと内心ほくそ笑んだ。

それからは私の独断場で、彼はドンドンのめり込んで来た。そして挙句「これからお前をディナーに連れて行くからもっと話せ！」思わぬ展開に先方の購買担当者もマネージャーもキツネにつまれた様な顔をしていた。

昔建設会社の現場で取った杵柄で酒席になると私は強かった（笑）。彼に負けず劣らずのスラング連発のカウボーイ言葉で彼に応酬をしたために、帰る頃になるとすっかり気に入られ「また飲もうぜ、カウボーイ！」となったのである。

1週間後、かの会社から想像もできないような大型注文が送られてきて、私達はびっくりしたのである。

後日談を聞けば、シャルマンの商品のよさはわかってはいたものの新しい会社のため今一つ気乗りがしなかったが、「マイクは信頼できる奴や！　デカい注文を送ってやれ！」と購買担当者はいわれたらしい。以後、ズッと良好な関係でそのチェーン店とビジネスを続けて行ったことはいうまでもない。

そんなこんなで上述した巨大チェーン店や大型専門店にはすべて参入することができた。シャルマンがこのような勢いがあるチェーン店に参入した噂は広がり、他の連中も徐々に我々に対し門戸を広げていった。

しかし、いずれのケースも私のカウボーイストーリーが決め手の1つになったことは紛れもない事実であった（笑）。

2　ユニークな企業文化の形成

無国籍企業への道

人種のサラダボウルといわれるこの国では、人種の集合体という概念は無視できない。裏を返せば無国籍企業とならざるを得ない。

私の20年以上に及ぶ企業経営の体験で見い出したのは、このあまりにも異なり多様性ある各々の個を強く結びつける絆はやはり労使双方が共感し共有できる企業文化の確立であろう。月並みな言葉かも知れないが、生き甲斐働き甲斐のある会社づくりが大事なことと思う。

それと同時に、社員に、顧客に、地域に、株主に愛され親しまれる人格ならぬ社格の形成が成功の鍵となる。では、この企業文化を如何に具現化して行くか⁉　無国籍企業を前提に考えれば、教科書にもない独自の企業文化を形成して行く方向になる。社員の求めるものは何かを見い出し人間性重視の経営を心掛けて行けば、彼等の生産性は飛躍的に高まって行くのである。この米国で私達が独自の企業文化形成のために実践した例を挙げることにする。

人間性重視の経営

目指してきたものは、徹底的に明るく。しかし、必要に応じて厳しさもある会社、喜怒哀楽を素直に分かち合える会社、常により高い新たな目標を与えチャレンジマインドをくすぐり達成感を味わえる会社、社員に夢を与える会社等々欲が深いのだが、基本的にはすべてにヒューマニスティックな考え方が根底に流れている。

そして、オープンドアポリシーで何でも誰でも気軽に発言できる雰囲気、個人の能力と責任感を信頼し可能な限りの権限と責任の委譲、ヒラエルキー的な既成概念を排除し性別・年齢・人種等に関係なく同じ人間としての平等なルール、フェアネスに徹した信賞必罰制度など、どうしたら人を最大限に活かすことができるかを常に考えて来た。

率先垂範が企業文化形成の要諦

子は親の背中を見て育つ。社員は社長の背中を見て育つ。だから、会社のトップたる者は社員の範となれ！　当たり前のことであるが、色々なことを率先垂範することでいつのまにやらそれが企業文化となって行く。よく言われるのは創業者オーナーがその会社の企業文化そのものだということである。無国籍企業という概念から、私は所謂典型的な社長のイメージからは程遠いユニークな「俺流のルール」を幾つかつくり実践した。そして「俺流の会社」こそがこの世界一熾烈な市場で生き延びる唯一の道と本能的に思ったのである。

それらは社員に「このリーダーは普通のステレオタイプの社長とは違う！　中々、面白そうな楽しい会社だなぁ～」と思わせる演出もあった。社員は社長の一挙手一投足を見ながら働きまたついて来る。だからトップの言動は社内のモラルを形成して行く上にとても重要なことであった。会社の大小は問題ではなく少々大袈裟かも知れないが、私は日本にもアメリカにもいないような社長像の確立を目指した。

社員に寄り添い社員と共に

(1)基本的に社長としての個室はあったが、余程のことがない限りドアは常時オープンにした。

きちっと閉じられている社長室のドアは権威の象徴である。したがって、どんなことであっても社長室に呼ばれることは社員にとってできるだけ避けたい心理が働く（笑）。それがわかっているだけに、私は彼等が気楽に入って来れるよう、会社の政策がそうであるようにオープンドアポリシーにした。しかし、それでも尚且つ必要以上には社員は社長室にはやって来ない。

したがって、私は出張以外でオフィスに居る限り私のほうから社長室から外に出、下に降りて行った。

午前中1回、午後1回オフィス内やディストリビューション・センター（出入荷業務の倉庫）を巡回し、それぞれの社員に声掛けをした。彼等は毎日それを楽しみにしていたし、色々な問題があれば私に教えてくれた。社長室にいればまず入って来ない色々な問題を私は生で聞くことができたが、それへの対応策を迅速に指示することにより問題解決をしていったのである。彼等は自分の土俵にいるからリラックスして何でも私に話してくれた。

アメリカで秘書を置かない唯一の会社

(2)社長としての秘書は、在任中一切おかなかった。

私は例えば、出張の手配等すべて自分のことは自分でやるようにした。確かに社長はそれ以上に大事な仕事がいくらでもあるだろうが、私は秘書がいるからと、彼等のための仕事は余分につくりたくはなかった。アメリカではどんな会社にも秘書はいる。大きな会社となればマネージャーレベルでも秘書をかかえている。

言い換えれば、管理者が20人いれば20人の秘書がいるということであり、その人件費たるや馬鹿にならない。そして、秘書と上司が男女の組み合わせであれば、先ず社内外の雀達があらぬ噂を立てて五月蠅いのである。

そんなこんなで秘書も持たないということのメリットは図り知れない。私は幹部やマネージャークラスを採用する際にはこのことを彼等に話す。皆一様にこんな会社は聞いたことがないと困惑するのだが、「いくら有能でも私のポリシーが受け容れられないのなら採用するわけには行きません」そうするとまず全員がそれを承諾する。社長が秘書を持たないのだから、以下右に習えのルールが定着して行った。

交際費ゼロの社長や幹部

(3)会社のお金にはきれいであれ！　例え1セントといえども公金であり、それは株主の、社員の皆んなのお金である。

私は必要であれば躊躇することなく出費させたが、無駄使いは許さなかった。たまたま私用の郵便を出すときでも私は経理部に行き、小さな切手1枚でも自分のお金を出して買った。

そのようなところを社員はしっかりと見ている。だから、いい加減なことをしていると、社長もこんなことをしているから社員もやってもいいという雰囲気が出てくるから、それを排除する意味でも率先垂範は必要である。

そして私は一切の交際費を辞退したから、我が社には経営幹部やマネージャーが個人の裁量で自由に使える交際費たるものはなかったのである。特に顧客とかへの贈り物とか饗応に対しては厳しくチェックした。何故なら、そのエリアは古今東西癒着とか私的使い込みの温床であるからである。

権威の象徴の返上

(4)社長専用の駐車スペースは置かない。
会社の玄関に一番近いところは身体障害者用、次が訪問者用、その次がエンプロイーオブザマンス（その月の最優秀社員）。それ以外は誰が何処にとめても自由な駐車場である。

だから、朝一で外で会合があるときなど私は一番遅く来るから、玄関から一番遠いところに駐車する羽目になる（笑）。

また一応社長専用車と名打っている車はあるも、必要であれば誰でも運転できるようにした。例えば、社員が顧客を空港への送迎に使用する際には積極的に使ってもらったのである。

アメリカのビジネス関連の諺、自分の庭で糞するな！

(5)その他、私は仕事に支障を来たさないのであれば社内恋愛は黙認した。しかし、社内不倫に対してはとても厳しかった。

男や女であるから色恋のことをとやかくいうつもりはない。しかし、火遊びは外でやれ！　というのを徹底させた。何故なら、社内不倫は格好の噂話の題材となるし当事者達も仕事に実が入らない。火のない所に煙は立たず。そんな噂は否が応でも私の耳に入って来る。

そんなときは私は間髪を入れずに調査を始め、確実な証拠を掴んだら喧嘩両成敗ではないが、当事者の男女２人を即刻解雇した。私の在任中、オフィス内で2件、セールスレップ内で1件あり、彼らにはモラルの点で好ましくないという理由で辞めてもらった。彼等も承知の上での火遊びであったから会社が訴えられることはなかった。

能力以上に働いてくれる企業文化

こんな感じで私独自の企業文化の形成をしていったのだが、社員もいつの間にやらそんなユニークな職場環境に慣れ親しんでいったのである。権力やステータスで押し付けても社員は決して１００％の力を発揮してくれないことを知っていたから、私は彼等を使うという姿勢でなく共に働くという思いで現場主義に徹し、常に上から下への問いかけをすることにより色々な悩みや問題を一緒になって解決して来たのである。

こういった日々の積み重ねがどんな人種でもまた能力の優劣に関係なくそれぞれが最大限、いやときにはそれ以上の力を発揮してくれるような企業文化になりつつあった。加えて、社長はユニークなサムライカウボーイということで、何をしでかすかわからない面白さがあるという期待感を社員に抱かせた（笑）。それがまた企業文化にもなっていったのである。

俺流の企業文化が正解だった一例

アメリカ北東部はあるとき何十年振りかの雪嵐に見舞われ積雪量1メートル近くにもなり半端なものではなかった。

しかし、その日でさえ全社員が出社して来て中には5時間もかかって会社に来た社員もあった。私は最後の社員が辿り着いたとき思わずハグしたのだが、そのとき自然と目頭に熱いものがこみ上げて来た。

電車やバスや地下鉄やタクシー等の公共輸送機関の発達している日本ならいざ知らず、車社会のアメリカではこんな光景は誠に稀有なことであった。

私自身多くの試行錯誤を繰り返してきているが、この一例を見るだけでも概ね会社は正しい方向に走っていることの確信が持てたのである。

３　創業以来円高との闘いが我々の歴史

プラザ合意から円高が始まった

私が渡米した１９７３年当時は 長い間続いた1ドル＝３６０円のレートから変動相場制に移行して間もなくだったから1ドル＝３００円であった。その後じりじりと円高が進み１９８５年のプラザ合意がなされバブルの影響もありドルは急落、一気に1ドル＝１６０円になった。そしてバブル崩壊後、ドル円は下落し続け、とうとう1ドル＝80円 となった。

それ以後は暫く1ドル＝１００～１３０円の間で推移したものの、２００８年リーマンショックが発生し安全通貨としての円が買われ始め再び1ドル＝87円となり、２０１１年の東日本大震災時に急激な円高が進み、ついに戦後円の史上最高値1ドル＝76円を記録したのである。それ以後は、一進一退を続け今は1ドル＝１００～１１０円のボックス相場になっている感じである。

経営戦略の練り直し

何故円高の歴史に触れたかというと、米国シャルマンが営業開始をした１９８３年の春頃は$1.00=Y260 であり、それから間髪を入れずにプラザ合意、以後は基本的に限りなき円高基調となっていったのである。例えば FOB １０００円の商品の輸入価格は２６０円のときは＄３・８５、ところが87円のときは$13・15となり3・4倍のコストアップになったのである。

常識では考えられないこの円高に日本の製造業はこぞって悲鳴を上げ、何らかの大幅な経営戦略の練り直しを迫られたのである。勿論円高は、デメリットだけでなく、当然メリットももたらす。でも我々は所謂輸出メーカーいうことで、為替レートのマジックで製品価格が割高となり海外での価格競争力は低下する。その結果、眼鏡フレームに限らず日本の産業界全体の輸出の減少、ひいては収益ダウンにつながり国内景気への悪影響が大となる構図が予測されるのである。

プラザ合意以降1995年の最高値まではほぼ一方的な円高であり、我々は並々ならぬサバイバル状況下に置かれたわけだが、最高値をつけて以降は、円高・円安の繰り返し・揺り戻しが繰り返されてきたものの、トレンドとしてはジリジリとした円高が続いているのである。

ドル安というより円の独歩高

したがって、プラザ合意から概ね日本の製造業は円高との戦いを強いられてきたといっても過言ではない。日本の製造業は「カイゼン」に代表される血のにじむようなコスト削減に加えて、生産性の向上等経営努力に努め、これまでの円高局面を乗り越えてきたように、円高耐久力が増している。しかし、これまで以上の円高に進んだ場合、企業のコスト削減にも限界があり、海外への生産基地の移転、そしてその拡大及び加速化が避けられない状態になって行くのである。

我々もそのご他聞に漏れず生産基地の一部海外移転を実施せざるをえなかったのである。日本サイドもそうだが、アメリカサイドの我々を取り巻く経営環境は遥かに厳しかった。何故なら、プラザ合意以来暫くはドル安傾向が続いたから我々の競合相手である所謂ヨーロッパ三国の通貨もマルク高、リラ高、フラン高となったので、赤信号皆んなで渡れば怖くない式で、その差額分を卸価格に転移したわけである。

我々もそれに倣ってただ一度だけ値上げをしたことがあった。しかしそれ以後、あれよあれよという間に円の独歩高が始まり他の通貨は落ち着いていたので、彼等は我々がもがく様を悠々と見ていたのである。再々の値上げをして行かなければ持ちこたえられないだろう。でもそれは自殺行為、したがって、いずれシャルマンも撤退の憂き目を味わうんだろうというのが業界の一般的な見方であった。

チキンレース

我々は果てしなく続く円高により、輸入価格が高騰して行く段階でもそのコストを吸収するための卸価格への転化は頑なにしなかった。さすればヨーロッパ勢の思うつぼ、彼等は一気呵成に我々をつぶしにかかって来ることは容易に想像できたのである。所謂チキンレースという類の戦いであったのかも知れない。

値上げによって現地での売れ行きが鈍ることが予想される場合は、円高分を現地通貨建て輸出価格に転嫁することは難しくなる。つまりは、円高分を現地通貨建て輸出価格に転嫁することが可能な製品は、現地において競争力を持っている製品であり、競争力があるが故に現地通貨建て輸出価格を上げても売上が落ちるなどの心配が少ない製品であるといえる。そういう観点に立てば我々は非常にきわどい状況にあったのである。

なりふり構わぬコスト削減の強要

我々は日米あるいは製販一体となり、グループの総力を挙げてこの円高と闘い続けた。アメリカの販売サイドはレップの質の向上や再度のトレーニング、オフィスや倉庫では日常業務での無駄やムラをなくすことで経営のスリム化を図った。生産サイドは再三に亘るコスト削減を実施してくれた。それでも尚且つそれ以上のコスト吸収が難しくなると、私は本社工場へ出向き、今思うと彼等に無理難題を吹っ掛けた。

「トヨタには『乾いたタオルを絞ぼれ!』という有名な言葉がある。あなた方はもうこれ以上タオルを絞っても水滴は落ちてこないといいきれる自信があるのですか?」そして「今まで眼鏡フレームの製造工程は200もある。だから芸術品工芸品ともいえると自負して来ましたね? 私には単なるマスターベーションとしか思えません」。

「例えばその工程を150にした場合は大きなコストカットに繋がるんではないのですか? 小売店や消費者がその違いがわからないような製品を造ってみてください。評価は我々市場サイド、小売店サイドが決めます。どうかコペルニクス的発想の転換を図ってください」。

彼等は腹の中では恐らく「販売サイドの人間は好き勝手なことといいやがって。製造のせの字も知らん奴が何をほざいているんか!?」くらいにしか思わなかっただろう。私としてはもうなり振り構まわぬコスト削減のお願いに必死な思いから出た言葉であって、今では誠に申し訳なく思っている次第である。

オールグループ体制での剣ヶ峰の闘い

今思えばグループの企画生産販売の一貫体制であったからこその製販一体となってのコスト削減が可能となったのである。かかる観点から私は当時の製造サイドの責任者のM氏に全幅の信頼を寄せていた。沈着冷静、話せばわかる相手であったので、多くのエリアでコラボできたのは誠に運がよかったと思っている。彼はシャルマングループにとって初めての大卒入社ということで、オーナーは当時こんなちっぽけな会社によくぞ大卒が来てくれたと感無量なものがあったらしい。

我々アメリカの販売サイドにとって円高は大変な逆風ではあったが、同時にある程度の追い風にも助けられた。それは品質と信頼のシャルマンというブランドが市場に定着し始め、新規顧客の獲得面で破竹の勢いともいえる程顧客数が増えていったことである。そのためにカミソリの刃の如き薄利ではあったが、売上金額の増大で利益的には何とかそこそこの数字を維持できたことは誠にラッキーという他ない。

円高によるコスト吸収をある程度の卸価格の値上げによって図ろうとしたら、恐らく我々はこの危機を乗り切ることはできなかったろう。我慢に我慢を重ねたお陰である。しかし、そんな努力の連続にも限界があった。

起死回生の一手、海外生産基地構想

もうこれ以上の円高には耐えきれないという思いが生産基地の一部海外移転と発想に繋がって行った。幸い我がグループは香港に販売会社を数年前に設立してあったから、東南アジア特に中国本土の生産に関する情報を多く取り入れることができた。当時の香港の現地法人のトップはほぼ完璧な中国語を話したから、ともすればずる賢い中国人華僑達とも対等にやり合い、現地生産のための準備を着々と進めることができた。

つくづく感じたのだが、オーナーという人はここぞと思うときにその仕事に相応しい人材に巡り合って来た。これを運の強さというのか、いや私はそういう出逢いを引き寄せる力を持っているような気がするから、やはりそれも実力であると私は信じている。

4　お客様は神様に非ず、巨大顧客との決別

日本の常識が時には世界の非常識

ニューヨークは「生き馬の眼をも抜く」といわれ、世界一ビジネスの厳しい所といわれる。しか

しそれはニューヨークだけでなく多かれ少なかれアメリカでは共通のビジネスプラクティスである。油断も隙もならないとはこのことか⁉　騙すより騙されるほうが悪いという思想がはびこる社会だから皆んな自己防衛に走るのもわからないわけではない。それは個人でも会社でも同じこと、そういった意味では必要に応じて緊張感を保って生活しないと足をすくわれることが多々ある社会である。

騙すほうと騙されるほう、どちらが倫理的に悪いかは洋の東西を問わず明らかである。しかし初回騙されるのは仕方ないとして、２度騙されるのは騙されるほうが悪いというのが、諸外国では常識だが、日本においてはあまりそのような発想がない。むしろ他人を疑ってかかるのは徳に反するという思想のほうが優位であるように思う。

日本は農耕民族で狭い国土の上、移動することなく同じコミュニティーで生涯過ごすことが普通であったことから、悪いことをすればほぼ永久に評判が付いてまわり「信頼を失うのは簡単だが、一度失った信頼を再び得るのは長い努力が必要である」というのが常識である。したがって詐欺師や嘘をつく奴は生涯信用されず、コミュニティーからも阻害されることが必然である。

一方でノマド的な人生、移民社会が普通である米国などでは、騙してなんぼ、騙されるほうが悪いが常識であり、信頼できるのは血族だけ。だから、社会においては細かいことまで書面による契約で決めることが普通なのである。

グローバリズムというのは、本来ノマド的な人や物の移動が自由に行われることが前提で、競争力があるものが勝利し繁栄することをよしとする思想なのである。

油断も隙もないアメリカンビジネス

例えばこんなビジネス上のやり取りがある。アメリカのまずまず大手の販売会社の社長が自ら日本にメガネフレームの買い付けに来て工場を訪問する。日本サイドはまず大手の会社だからと安心しそれも社長自らがお出ましということで、全幅の信頼を寄せる。社長は事前にその工場の商品の品質や価格を理解しているから自分の買いつけたい商品に狙いを定め商談に入る。

サンプルのフレームを見ながら、

社長「中々いい商品だね。気に入ったから注文したいのだけどいくらかな？」

工場「ミニマムオーダー5000枚で10ドルです」

社長「高〜い！　高過ぎる!!　だったら倍の10000枚注文したらボリュームディスカウントでいくらになるんだ？」

工場「暫しお待ちを。。。そうですね、それなら9ドルでお出しできます」

社長「まだ高いなぁ〜!?　でもうちの販売力を考えれば20000枚は楽に売るだろうしリピートオーダーも期待してもらっていい。もう少し勉強してもらえんかね!?」

工場「わかりました。そこまでの注文が見込めるのなら8ドルにさせていただきます」

社長「よ〜し、決まった。では初回注文5000枚、単価8ドルで商談成立や！　しっかり納期に間に合わせてくれよ」

工場「承知しました。ありがとうございます」

それから初回注文分を出荷した後3か月経っても半年経っても後の5000枚の注文は来ず、勿論リピートオーダーなど絵に描いた餅であった。再々社長に連絡を取るも「思ったより売れなかったからこれ以上注文はできんわいな。次回で埋め合わせするわ」。そんなの全くのつくり話で社長は最初から5000枚以上注文する気など毛頭なかったのである。

確かにアメリカ人のすべて、アメリカの会社のすべてがこんな調子ではないが、私が長い滞米生活で学んだことは「自己責任社会」（あちらこちらで目につく英語は"AT YOUR OWN RISK"とか"SELF-RESPONSIBILITY"。自由と責任は裏腹ということか！）そして「常に最悪の事態を想定せよ！」（BE PREPARED FOR THE WORST）、こういった考えで生活していけば何が起ころうと動じることはない。

100以上の人種が集う国では、単一民族国家の日本のようにいわず語らずとか以心伝心とか忖度何という言葉とは無縁の世界である。相手が何を考えているかわからない状態では、騙されるほうが悪いのかも知れない。それは当人の注意や知識や経験不足から来るものである。人をあまり信用できない寂しい社会なのかも知れないが、そんな社会が嫌なら無理をしてまでもそこで生活しなければいい、というのがアメリカ的な考えなのである。

企業の表舞台と楽屋裏は違う

営業開始後5年くらい経った頃の話。我々の会社も市場に浸透し始め、大手チェーン店とか大型専門店との商いを始めるようになった。その中の1つ世界最大の小売店相手に商売をしたことがある。彼等はアメリカ国内だけでも4000店舗もあるところで、そことの取引に成功すれば将来的に巨額な売上が見込める相手先であった。

最初は小さな取引から始まったがレップが訪問する度に大きな注文をくれるようになった。前回が10000枚なら次回は20000枚と。だが注文の数量が大きくなる度に購買担当者はより大きな値引きを要求して来た。まあボリュームディスカウントが常道の国だからそれは致し方ないところがある。

それじゃあ40000枚オーダーするからもっと値引きせよ！　中小の販売会社にとってはそんな大型の注文は魅力であり、ついつい触手が伸びる。値引き率がギリギリのところになってきて渋り始めると今度は広告協賛金を出せといって来る。そうこうしているうちにその大手チェーン店との取引額が日本円に換算すると3億円にもなっていて会社全体の売上に占める割合も大きくなり無視できない状態になって来た。

ジャイアントに潰された中小企業

そんなとき、私はたまたまテレビで「ジャイアントに潰された中小企業」という特別番組を見た。何かどこかで聞いたようなストーリーだった。その会社のオーナーは悔しさに溢れた表情でこう語っていた。

あの会社からの注文が加速度的に増えその度に値引きを余儀なくされたが、気が付いたら会社の売上の半分くらいを占めるようになり、そこまで行ったらもう彼等のいいなりになるしかない、断れば一気に売上はゼロとなり会社は倒産である。

結局、最後は利益はマイナスでもいつの日か好転するのではと淡い思いをいだきながら取引を続けたが、とうとう耐えきれずに倒産したのである。その大手チェーンに取っては中小の会社の1つ2つ倒産しようが痛くも痒くもない。何故なら同じようなサプライヤーが列をなしてその大手チェーン店と取引を望んでいるからである。この会社はそんなサプライヤーいじめをしながら巨大企業になっていったのである。

聞くところによると、そこでの取り扱い商品は100000点以上、それを3000社のサプライヤーが供給しているのである。そしてそのサプライヤーリストは常時入れ替わっていると聞く。既存サプライヤーが根を上げ撤退する。同時に新しいサプライヤーとの取引が始まる。まるで回転ドアの如きビジネスである。

小さな命でも生きて行く権利はある

私の心は決まった。ある日そこの大手チェーン店担当のレップと訪問し購入担当部長並びに担当者と対峙した。

私「次の出荷から利益がマイナスになる状態だから、これ以上ビジネスを継続することはできません。長い間ありがとうございました」

部長「何だと？　来月から俺達からの売上がゼロになってもいいんか⁉　それなら今までの倍の注文を出すから考え直せ！」

私「ポイントはそこではありません。これ以上御社とビジネスを続けていけば赤字がドンドン膨らみやがて倒産することは間違いないでしょう」

部長「そんなことを宣言しにきたのはお前が初めてだ！　正気なんか⁉」

私「勿論正気だからお付き合いもこれまでと最後のご挨拶に来たんです。御社のような巨大企業を巨象に例えるなら、私共のようなちっぽけな会社は蟻のような存在です。吹けば軽く飛んでいくし、簡単に潰れもします。でも例え、小さな命でも生きていく権利はあると信じています」

その言葉にバイヤーからの反論や説得は一言もなかったのである。こうして巨大顧客との決別がなされたが、大量の返品等事後処理は暫く大変だったし、そのロスをした売上の穴埋めには時間がかかったが、顧みれば私の判断や決断は正しかったと確信したのである。

5　法廷闘争さえも怯まない

訴訟大国アメリカ

アメリカでのビジネスで避けることができないのが「訴訟」である。「訴訟大国アメリカ」などといわれるほど、アメリカでは訴訟が多い。なぜアメリカは日本より訴訟が多いのだろうか？

その大きな理由は、国の成り立ちの違いである。「単一民族・定住型農耕民族・村社会」の日本では、争い事はできるだけしこりを残さないように当事者同士で穏便に話し合いによって解決することが最優先で、「訴訟は最後の手段」と考えられている。

それに対して、「多民族・移動型狩猟民族・競争社会」のアメリカでは、第三者による裁判で白黒をはっきりさせることが最も公平な解決方法と考えているため、争い事が起きると、「まず訴える」ことから交渉のプロセスが始まる。弁護士の人数は、日本の3万2000人に対して、アメリカは127万人もいる。訴訟が多いから弁護士が多いのか、弁護士が多いから訴訟が多いのかは、判定が難しいところではある。

訴訟を恐れていてはアメリカでは暮らせない

アメリカでビジネスをしていると実に多くの訴訟に遭遇する。PL（製造物責任）、知的所有権（特許）、人種差別、年齢差別、性差別、セクハラ、パワハラ等々、枚挙にいとまがない。また、クラスアクション（大規模集団訴訟）や懲罰的賠償など日本にはないアメリカ独特の法制度もある。

アメリカに進出して間もない日本企業の場合、訴訟に慣れていないため、いきなり訴えられて過剰反応するケースも少なくないが、「アメリカでビジネスをやるには訴訟がつきもの」と割り切って冷静沈着に対処する「強さ」と、状況に臨機応変に対応する「したたかさ」があれば、訴訟を過度に恐れる必要はない。それは個人レベルでもいえること、アメリカ人の殆どは個人で顧問弁護士を雇っている。かくいう私も顧問弁護士がいるにはいるが、何か事があれば初めて費用が発生する類のものであるから、まあ保険をかけていると思えば気は楽である。

やらねばやられる世界

私達は会社設立以来、23年間アメリカ市場にて営業を続けて来たが、訴訟したことはあるものの幸いにも訴訟されたことはない。よくいわれてきたのが「アメリカでのビジネスは多くの地雷が埋まっている戦場をそれらを避けながら進んで行くようなものだ」。正にその通りで何時如何なるときに誰から何処から訴訟されるかわからないといったビジネス環境なのである。確かに訴訟される可能性の例はあったが、事前に話し合うことでその芽を摘んでは来た。

訴訟大国とはいえ話し合いで解決できる案件も多くあるということなのだが、これだけは絶対に引けない、許せないというものについては、私も訴訟し法廷闘争になっても怯まない強い姿勢を示した一件がある。敗訴したらそれこそ多額の弁護士料とか補償費を払わねばならなくなるが、「やらねばやられる！　正義は絶対に勝つ!!」という強い信念のもとに法廷に向かったのである。

長年培ったノウハウや人材をかすみ取られたら

米国シャルマンも競合３００社の中でトップ５に仲間入りできる程の会社に成長した。そして業界内での話題に事欠くことはなかったので、それはまた優秀な人材が揃い組織もしっかりとしてきた証でもあった。

したがって有能なセールスレップや経営幹部の引き抜きは日常茶飯事的に行われてきたので、これが流動するアメリカの労働市場なんだと大して気にもしなかった。実際、我々も他社のレップや経営チームメンバーの引き抜きをやってきたからである。

しかしそれはあくまで個人ベースでの引き抜き引き抜かれであったので、会社としての被害とか影響は最小限のもので収まっていた。その穴埋めとしての補填が直ぐにできるのもまたアメリカであった。しかし後にも先にも一度だけ会社や個人を相手どって訴訟を起こしたのはこの一件だけであった。それは先方が節操もなく悪質なやり方で、我々の会社にモロに手を突っ込んできたからであった。

それはイタリアからアメリカ市場に進出して来た老舗の大手メーカーであり、彼等はそれまで私達が参入して来た以前よりアメリカのディストリビューターとパートナーシップを組んで営業して来たから著名なブランドであった。メーカーブランドを確立してから現地法人の直接販売会社を設立、これもまた1つの進出戦略であり、それはそれでリスクの少ないメリットのあるやり方であった。彼等は設立当初から大勝負をし掛け、現地の社長はじめ経営幹部、そして各社の優秀レップ達を大枚をはたいて勧誘し始めたのである。

彼等はこともあろうに我が社から車で20分くらいのところに会社設立、そして先ず社長になる人材をスカウトしたのである。勿論それは営業開始前からの企みであり、彼に経営幹部やらオフィスのスタッフ、そして販売部隊の編成をやらせたのである。

彼等は先ず当時我が社の販売担当副社長に白羽の矢を立てた。聞けば信じられない程多額な転職ボーナスを提示されたらしい。

まあ基本的には会社に対して大した忠誠心もないのが大部分のアメリカ人であるので、それはそれで理解できるし仕方のないこと（余談ではあるが実は私も3度程競合他社から引き抜きに出逢ったことがあったが、「忠臣は二君に仕えず」と丁寧にお断りした）。

また我々もそのようなケースで社員を引き留めるようなことはしなかった。

何故なら、アメリカ人は転職をするときは既に先方とのディールがなされた後なので引き留めなど無駄なことであるし、既に心ここに非ずの人間は例え居残ったとしてもいつかは離れて行く輩であるからである。

またごねれば会社は引き留めてくれるという前例をつくることを私はよしとしなかったのである。彼の場合も単独であれば仕方のないことであり、別れ際に「グッドラック」といって送り出してやった。

私は彼を信頼していたので離職に際して特別な条件は付けなかったのだが、後で考えるとそれは甘かったと反省することしきりであった。何故ならかつてそこまでのハイランキングな経営幹部を引っこ抜かれたことはなかったからである。

巧妙な引き抜き

我が社を去ると同時に彼は販売部隊の２人のリージョナルマネージャーを引き抜いた。その上、我が社の内部管理のオペレーション担当副社長まで引き抜かれたのである。そして、セールスマネージャーはレップを、オペレーション担当副社長はホームオフィスの社員達に声掛けして引き抜きは続行されたのである。レップ達はより高いコミッションレートを提示され、オフィスの社員達はより高い給料で勧誘されたから通勤時間もさして変わらない新会社に移って行くことに大した抵抗も感じなかったし、また私も彼等を責めるつもりは毛頭なかった。

ただ許せなかったのはその会社のやり方。我が社で働いた旧幹部達であって、移って行った連中は、我が社で十分な経験があるからトレーニング等の必要はなく即戦力となるので彼等に取っては正に願ったり叶ったりの大量引っこ抜きであったのである。

法廷での決着しかない

これ以上のダメージを受けたら会社の命取りになるとの危機感を覚えた私は、その会社並びに旧幹部達の訴訟を弁護士を通じ裁判所に申し出たのである。

結果はどうでようとも理不尽な行為や、かつて世話になった会社に後ろ足で砂をぶっかけるようなやり方はいくら自由競争の場アメリカでも私の正義感が許さなかった。勿論私も原告席に立ち彼等とやり合った。

私に取っても長い人生のうちで最初で最後の裁判所出頭であったと思う。私が訴えたことは、これ以上彼等のやり方を放置して行けば我が社は崩壊の危機に直面すること、引き抜きを即刻止めさせること、大量引き抜きで被った損害賠償をすること等を要求した。

そして数か月の裁判所での闘いを終えた後の判決は、我々の要求の殆どが受け容れられ勝訴したことであった。

ときには飼い犬に手を噛まれることもある

その後暫くして我が社から転職して行った社長は更迭され、それに伴い一連の社員達も人員整理の対象となったようである。

後日談だが多くの転職して行った社員達は再び我が社に戻りたいとアプローチして来たが、彼等を再び受け容れる程私は甘ちゃんではなかった（笑）。

かつて大枚をはたいて華々しくデビューした会社もその後販売会社としてのオフィスを閉鎖、いまではマンハッタンに小さなショールームだけ残し、新たなディストリビューターとタイアップして営業を続けているようである。

私は法廷闘争さえも怯まないその強い姿勢が会社の危機を救ったと思うしそれはそれで誇るべき体験なれど、同時にいくら気を付けていても、信頼していても、面倒を見てやっていても、ときには飼い犬に手を噛まれることもあるんだという苦い体験もしたのである。

第5章

飛ぶ鳥を落とす勢い

1　業界ナンバーワンに挑みながら先達からも多くを学ぶ

謙虚に学ぶ姿勢

アメリカ市場進出以前はこちらのビジネス事情について先輩の日系企業から多くを学んだ。しかし同業他社にはコネクションもなかったから、暫くは暗中模索、試行錯誤の繰り返しの会社経営であった。でも時が経つにつれてドイツやイタリアやフランスやアメリカの会社のトップとも知り合いとなり、情報のGIVE & TAKEを繰り返しながら彼等からも多くを教えられまた学んだ。

ここで重要なのは、彼らからの情報が欲しければこちらの情報も与えなければ、肝心なものは絶対に得られないということである。日本的にいえば「肉を切らせて骨を断つ」というのがニュアンス的に一番近いのかも知れない。

アメリカ人は何でもナンバーワンがお好き

業界ナンバーワンのイタリアのL社は私達がアメリカ市場参入時も今もダントツで世界ナンバーワンの会社である。彼等から学ぶことはあまりにも多く書ききれない程あるが、スポーツでもどんな業界でも「チャンピオンに追い付け追い越せ」は古今東西変わることのないスローガンである。だから私は営業開始と同時に吹けば飛ぶような小さな会社ではあったが、社員やレップに事あるごとに「いつの日かナンバーワンになろう！」と繰り返しいってきた。

悪い例えかも知れないが「嘘も百回いえば真実となる」といわれるが、毎回同じ言葉を聞くうちに人間は洗脳されるんじゃないかと信じるようになる。モラルもアップし会社全体に活気が出て来て色々な目標設定もやりやすくなる。何故なら皆んなが熱くなるからである。あるときオーナーに注意されたことがある。

「大谷君、ナンバーワンになろうなんてあまりにも飛躍し過ぎているし傲慢だよ！　少し謙虚にいったらどうか⁉」と。

でも、私はこれがアメリカ流のやり方だし彼等を鼓舞するにはこれが最高最良なんですと。何故なら総合力では勝てないかも知れないが、種目別ではナンバーワンになれる可能性を十二分に持っているから、私なりに考えてのお題目であった。

後年チタンフレームに関しては、世界ナンバーワンになったストーリーは後日に譲ることにする。

横綱の胸を借りる

お蔭様で我がグループとL社グループとはオーナー同志が肝胆相照らす仲となりあちらこちらで技術提携やらビジネスのパートナーシップを組んだ。私も彼等の工場やアメリカの販売会社やブースを訪ね色々と学ぶことができた。流石に世界の王者、臆することなく色々なことを教えてくれたのである。アメリカではライバル、でもそこのトップとはお互い尊敬と信頼の関係構築ができたと思っている。

だから市場では緊張感ある競争相手、しかし一方では、友好関係を育み組めるよきライバルであった。L社創始者の言葉はあまりにも衝撃的であった。彼等の成功の秘訣はただただシンプルに「当たり前のことを当たり前に！」であったのである。ところがよく考えるとこれが簡単にできそうで中々できない。言い換えれば如何なるビジネスでも基本に忠実にということなんだろう。

顧客のニーズを素直に受け容れそれを日常業務に反映させる

そのポリシーはアメリカの販売会社にしっかりと受け継がれていた。彼等は「顧客優先主義」を掲げていた。したがって顧客がこうして欲しい、ああして欲しいということを素直に実践して行ったのである。今でこそ色々なことが当たり前になり、各社ともそれに追従したのだが、当時としては画期的で業界を揺るがすような動きであったのである。

例えば、それまで電話注文は電話をかける小売店が負担となっていた。しかし、東海岸にある会社に西海岸の小売店はその電話料がバカにならなかった。だから、中にはレップが次回訪問するまで待つ小売店もあった。

ところがL社は電話料はすべてこちらが負担しますと発表したらそれ以後一気に電話注文が増大したということである。また電話注文というのは既に消費者に売る約束をした商品であるので、速やかにデリバリーしなければならなかった。L社はその点でも本社工場と独特な受発注システムを構築し、欠品を極限まで減らす努力をし、それがために業界でもトップクラスのサービスを提供する会社として評判がよかったのである。そして彼等は郵政省と話をして社内に郵便局までつくってしまい、商品の遅滞なき発送を心がけたのである。

当たり前のことを当たり前にやることの凄さ

その上で業界の常識を覆したのは、返品ＯＫのポリシー導入であった。売れないもの、製造上欠陥があるものはどうか返品してください、というもの。言い換えれば、小売店は一切在庫リスクをかかえないで商売できるということで、このことはその後の業界の商慣習を大きく変えることとなった。

そのために、オプチカルビジネスは他業界の先鞭を切って新聞雑誌業界やカタログビジネスと同列になってしまったのである。このような斬新なポリシーを打ちだす度に、アメリカのＬ社の販売量は飛躍的に伸びていったのである。彼等の弁によると顧客の要望を素直に受け容れそれを実践に移しただけ「当たり前のことを当たり前にやっただけ」ということになるのである。

コンサルのすべてが無責任ではない

学んだといえば、新しいナショナルマネージャーはネットワークが広かったから、あるときＲ氏という主に商品開発畑に携わって来た業界のベテランを紹介してきた。私とＭ君そして商品開発担当のＮ君は彼と話し合いをした結果、物柔らかでアメリカ人にはないキャラが気に入ったので暫く適切なアドバイスを受けることになった。彼は長い間メーカー直属でなくアメリカの卸会社に勤務していたので異なった観点から会社を見て適切なアドバイスをしてくれた。

それは商品はもとより販売・マーケティング・内部管理に至るまで多岐に亘ったので、会社成長に大いに寄与してくれた。私は所謂ビジコンとかステレオタイプのコンサルタントは好きではなく雇ったこともない。何故なら彼等は弁は立つが責任は持つ必要がないので好き勝手なことをいい、お金をもらってサヨナラである。

しかし、彼は非常に真面目な性格をしていたし責任感も強かった。常駐でなかったが、必要に応じ要請したら快くやって来てアドバイスしてくれたから、貴重な人材に巡り合えたと思っている。

私の業界に於けるオヤジ

先達としてもう1人忘れてならないのは、我が社のカナダ代理店の創業者オーナーのB氏である。彼とは時によっては毎日のように電話で話をしたし、また行き来も頻繁にした。カナダのモントリオールに会社がありニューヨーク・ニュージャージーから近くであったのでかれこれ30回くらいは訪問したであろう。カナダとアメリカでは若干市場の違いはあったが基本的には一緒、もとよりオプチカルビジネス経験ゼロの私にとっては最初からメンターという存在。

したがって事あるごとに連絡を取り多くのアドバイスをしてもらった。年齢差もあったが、オヤジと息子のような関係で大いにお世話になった。彼なかりせば、私の眼鏡フレームビジネスの成功もなかっただろうといってもいい過ぎではない。そんな彼も今は亡い。今頃天空で相変わらず片手にフレームサンプルを持ち誰彼となく熱弁を振るっていることだろう。

２　欧州市場への参入

再び切り込み隊長となって

アメリカ市場進出当初は日本製は二流品という先入観の壁の打破に苦労したが、それをブレークスルーすると一気に売上も伸び、利益的にも初年度は赤字、２年度黒字、そして3年目には累積赤字を解消するまでになった。直接販売のノウハウや経験もある程度は会得したので、その自信を基に目は一気に欧州市場に注がれた。当時私はグループ内では欧米統括事業部長として本社の役員の末席に名をつらねていたが、またまた新規市場の切り込み隊長の大役を仰せつかった。

もとより欧州はフレーム先進国、そこへの乗り込みは米国市場とは全く異なる挑戦であったが、グループの勢いはそんな懸念も打ちちらかしたのである。当時東南アジアはかなり売上を伸ばしていたが、欧州市場は主要国に代理店をおき販売を開始していた頃であった。

フレーム先進国ドイツからの技術導入

我が社のグループとドイツとの結びつきは強かった。専ら生産部門ではあったが、メタルフレームのカラー技術、プラスチックフレームの成形技術、いずれもドイツからの導入であった。両方とも日本の業界初めての試みであり、そのお蔭で先駆者利益をしっかり享受した。

このときもオーナーはドイツで現地語をペラペラに話せる人材と巡り合い、また彼も一生懸命フレーム製造の勉強をしたので、その知識をベースにドイツの工場の連中とネゴシエーションなど対等にやり合うことでフェアーな条件で技術導入ができたのである。

企画生産販売の一貫システムの構築

シャルマングループの母体はメガネフレームの部品製造工場であった。その後色々な部品の製造を手掛け気が付いたらそれらを組み立てることでフレームがつくれるようになった。したがって、それ以降外注に頼らずに自社生産の総合フレームメーカーになった。しかし、日本の眼鏡の流通システムは産地問屋と消費地問屋等が絡んで複雑であった。フレームは製造できても注文の生殺与奪は問屋に握られていたから、自分達で造ったフレームは自分達で売ろうと小売店に直接売ることを目的とした直販会社を設立したのである。

当初は既存勢力から多くの抵抗はあったものの、やがてその販売形態が業界に受け容れられ、グループの売上を一気に伸ばしたのである。

それから間もなくそれまでの中堅メーカーの地位からグループは製販合わせて業界ナンバーワンの企業体に成長したのである。

業界における稀有な卓越した事業家

メタルフレームへのカラー技術の導入、成型によるプラスチックフレームの製造の成功、日本での直販体制の確立、世界最大市場アメリカへの進出、中国へ進出しての生産工場の設立、イタリアの世界最大の会社との販売生産のパートナーシップの提携、ドイツ、イギリス、フランス等への現地法人設立、エクセレンスチタンの特許取得と前例なきデザインでの拡販、メディカル機器の生産販売のための新規事業部の設立。

これらすべてのプロジェクトは皆んな日本の眼鏡業界初のものばかりで、勿論しっかりと先駆者利益をものにしてきたのである。どれもこれもオーナーのビジネストレンドの先見力とか市場のニーズを捉える眼力なくしては成し得なかった業績であり、ひいてはそれが業界では稀有な卓越した事業家として賞賛される所以でもある。

所変われば品変わる

私達はまずドイツのミュンヘンにかつて技術導入を図ったときのネットワークを駆使して販売会社を設立した。かつて米国進出時には我々の主要取引銀行のニューヨーク支店とか彼等の伝手での日系企業とかを訪ね色々な現地情報とかビジネス環境を入手したのだが、ミュンヘンにはそのような日本からの出先はなかったのでそのネットワークは大いに役立った。その頃、私はアメリカサイドでも結構忙しかったので、ドイツの会社設立とかマネージャーや社員採用とかは現地在住の日本人達に委ねた。

しかし、一旦営業が開始されてからは、私もアメリカでジャンボジェット機の離陸時が如何に大事で致命的であるかよくわかったので、それから暫くは足繁くミュンヘンに通った。ドイツの法律とか雇用形態とかドイツ人の労働観とかはアメリカとは異なるし、また日本とは大きな差があったので、先ずその理解から始めた。それは後年設立する英国やフランスの販売会社でも同様なアプローチで先ず相手を理解することから始めたのである。それこそ「郷に入れば郷に従え」の諺そのものである。

ドイツから労働生産性の向上を学ぶ

日本よりもずっと労働時間が短く、有給休暇もほぼ１００％消化できるという国がいくつかある。そのお手本がドイツでほとんどの会社員が毎年約30日の有給休暇をほぼ１００％消化し、１日10時間以上は働かない。ではその分ドイツの人たちの仕事のアウトプット量が少ないのかというと、決してそういうわけではない。むしろ、彼らは日本人よりも高い生産性で仕事をこなしているし経済だって好調だ。

休暇が多い分を平日の残業で補っているのかというと、決してそんなことはない。午後6時には、たいていの企業のオフィスはガランとしているという。ドイツ人の働く時間が短いことは統計にもはっきり現れている。就業者1人あたりの年間の労働時間を日本と比較すると３５０時間くらいの違いがありその差は歴然だ。しかも、日本の場合、サービス残業のような統計に現れない数字があることまで考えると、差はさらに開くことになる。

所定時間内で業務を終わらせる文化

ドイツ人にとって休暇は神聖なものだ。仕事と休暇のどっちが大事かと問われれば、多くのドイツ人は「休暇」と即答するに違いない。この神聖な休暇を守るために、労働者は自分が休んでも仕事が回るように日頃から情報共有を心がけるし、効率的な仕事のやり方を模索する。多くの日本人が残業をする代わりに私用でネットサーフィンをしたり、無意味な会議に時間を浪費するのと対照的だ。

１時間あたり労働生産性の計算式は、分母に労働時間が代入されるため、働く時間が長ければ長い程数値が低くなる。それが日本の労働生産性を引き下げる要因になっている。労働生産性の向上には短時間で業務をこなす意識改革が重要である。ドイツには労働者が所定時間内で業務を終わらせる文化が根づいていてそれが高い労働生産性に繋がっているのだなと現場を見て実感したわけである。

勿論ドイツ流の働き方がすべてにおいて日本に優っているというわけではない。例えばサービス業の提供するサービスの質は、ドイツより日本のほうが圧倒的に高いという。すべての面で従業員の休暇や業務効率を優先すべきかは、議論の余地があるだろう。

欧米統括事業部長、聞こえはよいが激務そのもの

私はミュンヘンのオフィスに行くたびに、また販売部隊との会議などを通してドイツ人気質を学

んでいった。アメリカのオフィスにいてもほぼ毎日のようにドイツオフィスとのやり取りが続いたし販売会社故に概ね経営の基本に変わりはなかった。スペースの関係で英国やフランスの販売会社設立や運営の詳細は避けるが、欧米統括事業部長として彼等の業績は大いに気になっていたところであり、これはというときには彼の地に飛んで行った。

1つ助かったのは、ヨーロッパとアメリカの時差は6〜7時間。地球の裏側の日本とのコミュニケーションより遥かに楽であった。ドイツの販売会社テコ入れのためにアメリカから社員を派遣したこともあったが、こちらでのビジネスが大きくなるにつれて欧米の2つのテリトリーを統括することはあぶはち取らずに陥る危険性を感じ始めた。そんなときに運よくニューヨークに住む私の大学の後輩が仕事探しも兼ねて訪ねて来た。彼は私より2年後輩で一時期ラグビー部にも所属していたので人となりとか経営能力はある程度把握していた。

私は渡りに船と思いオーナーに事情を話し、彼をドイツのトップとしてまた英国やフランスの販売会社を統括するヨーロッパの責任者として採用した。彼はその後期待を裏切ることなくリタイアするまで欧州市場の成長発展に寄与してくれて、私の判断が正しかったことが証明された。

グローバルなネットワークから会社経営の多様性を学ぶ

お陰様で私はグループの世界のあちらこちらの販売会社や工場の連中と頻繁に交流できたので、会社運営の多様性を体験することができた。日本やアメリカをはじめとして、ドイツ、イギリス、フランス、イタリア、中国、メキシコ等々。そしてシャルマングループを通して各々異なった民族と価値観の共有をすることで、グループの共通の目標を達成するためのコラボが可能であることを学んだのである。

3　業績の鍵握る全米販売会議

全米販売会議の位置づけ

ビジネスを行って行くときには如何なる会社にあっても販売会議の重要性は古今東西変わることはない。

しかし、アメリカのレップ制の販売を主とする業界ではその役割は半端なものではない。会議の出来不出来が翌年の売上や業績に直接響いてくるから、何処の会社も毎年の最大最重要イベントとして位置づけをしているのである。そしてそれに費やす費用も中小の会社にとっては莫大なものとなるから、それこそ失敗は許されない。

そのために社内には全米販売会議の企画からロケーション選定、会場準備、宿泊やフライトの手配、諸々の連絡も含め専任の社員を置くほどである。アメリカの業績はグループを左右する程のインパクトがあるから日本本社の力の入れようも凄いものがあった。ある年の元旦に全国紙の一面に図表2のような広告を掲載した程である。

〔図表２　米国シャルマン販売会議〕

全米から100名を越える
セールスたちが、
フロリダに集まった。

新聞にも掲載されるほど

『フロリダ州マルコアイランド。常夏の日差しが降り注ぐアメリカを代表するリゾート地フロリダ半島。その沖合に点在する著名なホテルにアメリカ各州を代表する１５０名のセールスレップ、それに多くのホームオフィススタッフ並びに日本本社からのトップマネージメントチームを加えて総勢２００名近くが集まった。15社から構成されるシャルマングループを統率する会長の堀川馨は高らかにに開会を宣言した。アメリカの現地法人米国シャルマンの全米販売会議の幕が切って落とされたのである。

今年のテーマは「Whatever it will take !」（何が何でも目標達成）。このテーマに沿って来年の展望はじめ販売戦略、商品開発方針、新型発表会、さらにはグループディスカッションなどが行われ、会場は終始鋭い視線と熱気に包まれた。延べ５日間に亘った最終日、この重要な会議を終えた全員はサンセットクルージングを楽しみながら夜の更けるまで語り合った』。

アカデミー賞受賞式並みの熱気

初日の夜は華やか表彰式である。男性はタキシード、女性はロングドレスとまるでアカデミー賞の授賞式を彷彿させる。日中の会議でのドレスコードはないから皆んなTシャツを着たり短パンやスニーカーを履いて自由自在である。

しかし、一端フォーマルなディナーやパーティーになると会場の雰囲気が一変する。改めてアメリカ人のオン・オフの服装の切り替えは見事という他ない。

レップ集団に取っては1年に一度の晴れ姿である。数々の賞のプレゼンテーションが行われ、最後に「レップオブザイヤー」（年間最優秀セールスレップ）の名前が発表されると興奮の度合いは極限に達する。殆どのレップがその栄誉で感涙にむせび全員に祝福される。そして会場全員によるスタンディングオベーションはいつ果てることなく続くのである。この瞬間こそがレップ冥利に尽きるときであろう。それが表彰のためにレップを続けているという輩もいる。

新年度方針発表

初日に盛り上がった会議は、２日目からは実務中心となり、昨夜の浮かれ騒ぎからは一気に真面目モードになり、各々のレップの眼差しは真剣そのものである。彼等に取っての関心事はテリトリーとコミッションのパーセントであるが、それと同じくらいに大事なのが次年度の商品開発方針、そしてハイライトは新型発表である。

何故なら商品が彼等の飯の種になるから、納得のいかない商品などはブーイングさえ始まる。しかし斬新なデザインの商品とか新素材、新機能の商品の発表をしたときの喜びようはまるで子供がお菓子屋に行って珍しいモノを見つけたように小躍りするくらいの感じなのである。我々幹部はその情景を見て、来年はいけそうだなとほくそ笑むのである（笑）。

グループディスカッション

私達は配られた資料をもとに会議を進捗させることをできるだけ避けた。何故なら、皆んなが下を向き資料に没頭することで参加意識がそがれてしまう。プロジェクター等を使い全員が頭を上げて進める会議のほうが焦点がブレない。

またグループディスカッションにもある程度の時間を割いた。

会議では一般的に参加者が5名以上になると「聞くだけ」の傍観者が順次増えて行くといわれる。だから、例え短時間でもいいから色々なグループに分け、十分意見を出し合いその後それらをまとめて全員で議論すれば「聞くだけ」や「参加するだけ」の人は、ほぼいなくなり販売部隊の一体感を醸し出す役目もするわけである。

レップ次第の販売会社

アメリカは日本の国土の26倍、全土に散らばるレップを一堂に集め、それも概ね著名なリゾート地で5日間も行う全米販売会議のコストは半端ではない。彼等の飛行機代、宿泊費や飲食代はもとより、会場や設備のレンタル、講師を招聘すれば謝礼金、そしてその他もろもろの関連費用の負担等際限がない。まして最近の業界各社のトレンドは、海外といえばカリブ海の島とかメキシコのリゾートとかを会場にすることが多くなってきていると聞く。

まあこの種の会議はどれもこれも半分ビジネス半分遊びが主体となっているから、こんなことでケチッたり目くじら立てていたら翌年は殆どのレップがいなくなったという笑えない実話もある。レップ達は会社がどこでどのような全米販売会議をするかで会社の趨勢をチェックしているのである。油断も隙もないという緊張感は、「生き馬の目を抜くニューヨーク」だけではない（笑）。

彼等の結束は強い。独立商人的な考えを持った連中の集まりであるから声の大きなレップや優秀なレップになびいていく。

したがって販売部隊が苦戦をしているようなときには、そんなオピニオンリーダー的な連中を事前に集め根回し等することもあるのである。

毎年1月の売上でその年が決まる

ともあれこの全米販売会議は毎年12月のクリスマス休暇の前に行われるのが通例である。各々の

〔図表3　全国販売会議精鋭部隊〕

レップはそれこそ一匹狼であるから、年中同僚と会うことも話すこともなく孤独の連続である。唯一、彼等が集うのは会社が主催する全国販売会議。したがって、そこは彼等にとって大事な意見交換の場であり年1回の同窓会のようなものである。

レップ達は有意義で意気高揚とした会議であれば上機嫌で帰って行き、1月2日から年末のイベントを家族と共に楽しみ、1月2日からフルスピードで営業に出かけるのである。正月イベントのないアメリカは1月2日から一気に仕事モードになる。だから多くのメガネフレーム会社にとってクリスマス商戦などないに等しい。消費者はプレセントを買うのに忙しく不急でない商品は翌年廻しなのである。したがって1月の売上はその年の勢いを占う意味では大変重要な指標となる。

4　海外に生産拠点を設ける

セールス・マーケティング

日本企業の海外進出には2つのパターンがある。売り手として外に出るか、つくり手として外に出るかだ。売り手として外に出るとは、すなわち製品を輸出して海外に販売チャネルを構築する行き方である。高度成長期とはまさにこれが始まった時期だった。安価で、良質な商品をつくる。それが海外でも注目される。まず商社経由で輸出を始める。それから、海外に販売代理店を見つける。さらに量が拡大したら、現地法人を設立・拡充する。そして海外向け仕様の製品をつくり始める。

こういうケースでは、海外事業に携わるのは主にセールス・マーケティング部門だ。また、商品の種類としては、当然ながら量産型製品（とくに見込み生産品）が中心になる。相手先は欧米先進国から始める。だから海外事業部門、というとカッコいいイメージがする。輸出先は、しかし次第に中進国にも広まっていく。

セールス・マーケティングという仕事は現地性の強い職種である。その土地、その相手に近いところにいなくては〝商売にならない〟。当然、その国の人間をセールスマンとして必要とする。日本人は管理者として支店にいるだけで、少数だ。だからこうしたパターンの企業では、ごく一部の人々だけが海外勤務を経験する。それも、精々米国か西欧のみの経験である。

日本側では、相変わらず日本的発想の日本人たちが大勢をしめる。世界的ブランドの『グローバル企業』であっても、真にグローバルな視点を持つ者が、本社でも工場でもごく少数なのは、このためだ。

海外工場展開

もう1つの海外進出パターンはつくり手としての進出、すなわち海外工場展開である。これはさらに「引きずられ型」と「自主進出型」に分かれる。前者は、大手メーカーの海外工場進出に引きずられる形で、部品サプライヤーが協力工場を出す形である。実態は「しかたなしに」が多い。

これに対して自主進出型は、自分の意思で海外に工場を求める。特に素材産業で原料に大きく依存する金属や基礎化学などは、わざわざ輸送費をかけて原料を日本に運ぶより現地で製造（粗製）するほうが合理的だ。原料の産地に近いからというのは1つの理由に過ぎない。

90年代の不況以来、日本では工場の海外移転が大はやりだった。そのほとんどの場合は〝製造コストが安い（だろう）から〟という、とても単純な理由である。移転先はアジア、それも中国が多かった。念のためにいうと、製造原価は、原材料費と労務費と経費からなり立つ。このうち、労務費比率が圧倒的におおきく、かつ資本装備率の低い場合にのみ、このコストダウンの皮算用は成立するのである。

原材料の値段は、今日では万国共通だ。どこかの国に行けば極端に樹脂や鋼材が安い、などということはありえない。製造機械装置の値段だって、ほとんど同じだ。だから、差が出るとしたら労務費しかないのである。それも、品質や不良在庫のリスクと引き替えの、低賃金である。

前例なき海外生産基地の設置

自ら創り自ら販売する体制を確立したシャルマングループは、1980年の輸出開始、1982年の米国現地法人設立を皮切りにグローバルな発想で事業を拡大し、1992年には中国に工場を設立。基幹工場は福井に持ち続けながらも、日本でグループが培った生産技術を中国でも取り入れ日本の品質を保つために、日本のマネージメント及び技術者を数多く現地に派遣駐在させて製造を開始したのである。

正に中国本土で初めての「日本人の経営幹部や技術者の、中国人工場従業員による、世界の眼鏡市場のための」前例なき工場を設けたのである。中国に生産基地を造ると決めてからの行動は早かった。

1992年になると手始めに香港に製造会社設立。そこで試行錯誤を繰り返しながらアセテートフレームの製造を始めた。と同時に現地メーカーとの繋がりをベースに中国本土での工場運営方法や土地の物色や政府機関との関係構築も含めての調査を進めた。

そして東南アジアを見据えての既存メーカーブランドの販売会社設立、間髪を入れず近未来に中国工場で生産する商品を生産販売する会社も立ち上げたのである。その頃、私も頻繁に香港に出張した。何故ならアメリカはアセテートフレームが最も売れる市場であったから、工場のキャパを埋め生産ラインを継続的に動かすためには製販一体となってのコラボが必要だったからである。

またまた同じ手法での先入観の打破

その上、中国生産はアメリカ市場に対する円高対策の意味合いが大きかったから、我々米国シャルマンとしては中国工場とガップリ四つに組んでこの巨大工場を離陸させる重責があったのである。アメリカ市場で販売開始をしてからほぼ10年、メーカーとして中間価格帯をターゲットとした「シャルマンブランド」はすっかり市場に受け容れられ、我々は絶え間なき円高にも拘わらず健全な成長を遂げることができたのである。

それをベースに私達の次なる標的は低価格帯への参入であった。そのために私達は別会社別ブランドの「アリスター」を設立した。このときも我々は所謂粗悪で低品質低価格の既存の中国・香港・韓国製との価格の差別化戦略を取り入れた。それは従来の低価格商品と中間価格帯の間に設定し、従来のものよりも少し割高となるものの中国にある日本の工場で日本の生産技術や素材を駆使し中国人労働力を使いつくられたものだが、品質は既存商品よりも明らかに上回っているというセールストークで販売を開始することにした。

かつて「シャルマンブランド」が米国参入時に二流品との先入観の壁を打破したと同じ様に「アリスターブランド」も従来の東南アジア製の安い粗悪品というアメリカ市場に於ける先入観の壁を打破して行ったのである。

突如出現した巨大都市

中国工場に関する話題は尽きないが、その中で１つの都市の成長過程をつぶさに見てきた経験談を是非とも紹介したい。それやこれやで私の香港・中国出張は頻繁なものとなった。訪れる度に新しい高層ビルや高速道路や橋梁やショッピングセンターができてそれは驚異を通り過ぎて、国がコントロールをするが、開放経済の開発成長発展のスピードに脱帽するばかりであった。

１９９２年我々が初めて深圳を訪れた頃は人口30万の住民が住むさびれた漁村だったのだが、それが僅か30年足らずで１４００万人に増加するなど、人類史上比類なきスピードで発展した深圳地区。世界の工場として知られたこの場所は今も中国全土から若者が集まり、65歳以上の高齢者は２％しかいないといわれる。人々の暮し向きも急速に変化し電化されたバスや電気自動車も珍しくない。道端で果物を売る老人もスマホを手にして売り買いはすべて電子決済である。

深圳は中国最初の経済特区。この地で成功した経済特区のモデルはその後中国各地で拡大したが、深圳程の劇的変化は生まれていない。他の経済特区は元々大都市で多くの既存構造や既得権益が成長の大きな障害となったのである。

ところが、深圳は全く新しい都市、過去のレガシーを引きずっていないことが都市のマネージメントを変えたのである。トライアル＆エラーが変化することを前向きに受け容れて行く土壌は北京や上海や広州の大都市にないものであり、それこそが深圳が大都市として急成長できた主要因であると思う。

先駆者利益を享受

ともあれ、この海外に生産基地を設けたことでシャルマングループは一大飛躍を遂げたことは間違いない。これまた日本の業界では初めての試みであり、ここでもしっかりと先駆者利益を獲得しているのである。他の国内の大手競合他社が海外への進出をためらってきた中で、我がオーナーは類まれなる先見性と海外への志向性の強さがセールス・マーケティング並びに生産部門でも業界に先駆けて進出していった所以と思う。

ちなみにオーナーは50歳になってから英会話を学び始め、以後殆ど通訳なしで会議や商談を進めてこられたことは誠に敬服以外の何物でもない。やはり信念の人である。

5　新しいことへの挑戦を恐れない

失敗を受け容れる経営土壌

私達がつくり上げた企業文化は色々あるが、そのうちの1つに「一度の失敗は認め受け容れる。でも同じ失敗を二度繰り返したら許さない！」というものがあった。これは社員が色々なアイデアを提言して来たときに松下幸之助流に「あんさん、ゴチャゴチャいわんと先ずやってみなはれ！やらにゃきゃわからしまへんで！」と関西弁ならぬ訛りの強い英語でよくいったものである。徹底した現場主義で論理よりも実践を重んじた経験こそが大事ということなんだろう。

私達は行動を起こすときに頭の中で色々と考え、もし成功したらより大きく成長することがわかっていても失敗したときのリスクや対面など恐れてより安全な方法を選んでしまうことが多い。これでは社員のチャレンジング精神の芽を摘んでしまう。だから失敗を恐れることなく新しいことに挑戦して行こう！　というのが合言葉になっていったのである。

フレーム自動洗浄機の導入

日常業務における改善提案とか新しいものの導入は数えきれない程あるが、ここでは大きな挑戦例を挙げよう。先ず第一に挑戦したのはフレーム自動洗浄機の導入である。好むと好まざるに拘わらずアメリカのフレーム業界は返品の悪しき慣行が通例となっていて、これを拒んだ会社は市場からはじき出された過去歴がある。したがって各社とも必要悪として受け容れているのだが、売上の増大と共に返品のフレームの数も比例して増えてくる。

業界の返品率の平均が20%。我が社もその辺りだった月に15万枚出荷すると3万枚は返品で帰って来ることになる。それらを再販可能にするための返品処理部門はドンドン従業員数が増えてくる。何故ならすべて手作業でフレームのクリーンアップをしていたからである。時間と労力がかかり完成品も完璧とまではいかなかった。

その頃業界にはナンバーワンの会社が自社で開発した自動洗浄機を持っていて返品処理に抜群の効果を上げていると聞いた。幸い私はそこの社長と知己であったので、早速見学を依頼、快く引き受けてくれた。正確な数字は記憶していないが1日辺りの処理枚数は半端ないほど衝撃的なものであった。彼等も返品処理対策に頭を悩ました挙句の自動洗浄機導入であった。

私達は帰社し早速導入の可能性を議論したが、卓上用の洗浄機は市販されていたが業務用の大掛かりなものはカスタムメイドでつくる他なかった。導入すれば業界で2番目の器材となるが、見積りを取ったら2000万もする代物であった。私は対費用効果はあるのかと色々迷ったが、それにより15人の従業員を7人に減らせる試算をし、これなら数年でペイできると判断しゴーをかけた。結果は上々、ナンバーワンの会社のものに比べれば小物ではあったが抜群の威力を発揮してくれた。

キラリと光る異色の会社

これとか次に述べるバーコード導入やロボレップの取り入れは、いずれも多大な投資金額となるので、いずれも社長マターとなったが、新しいものに果敢に挑戦する会社の姿勢を社員は勿論のこと業界に示すことによって、当時はまだアメリカでは中堅の販売会社ではあったもののキラリと光る異色の会社として高品質のフレームを提供するだけでなくオペレーションの部門でも業界の評価を得始めたのである。

バーコードシステムの導入

以前述べたが眼鏡フレームビジネスはリピートビジネス、電話注文に如何に迅速に正確に対応できるかが鍵となる。そのために在庫管理・出荷業務の正確さ・迅速化の必要からバーコード導入を決めた。これまた業界では当時数社しか試験的にしか採用していなかったシステムである。私はそのためにＩＴ部門の強化を図り、一気に実現化に向けて挑戦して行った。顧客対応で最も大事なのは現品管理。「何が、何処に、何個、どのような状態」であるのを明確にし、モノと帳簿データで品目・数量を管理する。

これによりカスタマーサービスは顧客に注文アイテムの正確な出荷や欠品状況を伝えることができるのである。そして出荷係はロケーション管理が容易になるので「ピッキングに時間がかかる」「在庫の置き場所がわからない」「誰々さんしか置き場所を知らない」といったことがなくなる。

バーコードを読めば棚番号・列番号・段番号が正確になるので、誰でも同じように場所がわかり効率的である。したがって注文が異常に多いときにはオフィスの社員がディストリビューションセンターに入り、出荷係に混じって一生懸命にフレームをピックアップして彼等を助ける光景を見るのは我が社では決して珍しいことではなかった。アメリカの会社では先ず見られないこと。それはディストリビューションセンターとオフィスとの垣根を取り去り、社員全員の一体感を醸し出した企業文化の賜物であった。

ロボレップシステムの導入

眼鏡フレームビジネスは特殊な業界であるが故に、新しいものを取り入れて行くのに躊躇する最も遅れた業界であるともいえた。殆どの業界のセールスレップ達はカタログを持参して営業をするのが普通だが、眼鏡フレームのレップだけは大量のサンプルを大きなバッグに入れて小売店まで持っていき、購買担当者に実物を見せ、手に取らせ、掛け心地をチェックさせる。その旧態然たる営業形態は何十年となく変わることはなかった。

確かに眼鏡フレームは特殊な商品である。視力を矯正するための医療機器であると共にスタイル・カラー・サイズ等が重要視されるファッショングッズの要素も兼ね備えた唯一の商品である。したがって購買担当者達の言い分はわからないでもないが、世の中のコンピュータ革命は我々が思うより遥かに速いスピードで進んでいる。

そこで私達はラップトップにすべての商品情報を入力し、カタログと遜色ない画像も添付し、購買担当者はそれを見ながら注文できるシステムを開発した。私達はこれを「ロボレップ」と称し業界初の試みにチャレンジしたのである。

当初は勿論賛否両論あった。色々なフィードバックをし試行錯誤を繰り返しながら、より顧客が満足できるシステムに改良して行った。以前は例えば1つのスタイルで6色あればすべてサンプルを持参したのだが、それ以降は引き続きサンプルを見たいという購買担当者の要望を満たすために1枚だけのサンプルを持って行くことにした。レップによれば以前は200型×平均4色＝800枚のサンプルを持参したのだが、ロボレップのお蔭でそれが一気に200枚となったのである。

またその場で注文を入力できるのでその情報がホームオフィスのコンピュータと直結、最速で翌日に出荷できるという画期的なシステムであった。勿論システム開発には各レップにラップトップを持たせる等多額の投資が必要であったが、トータル的に考えたら、プラスの面が遥かに凌駕した。その後業界でもこのシステムを取り入れる後続会社が現れ始めたのはいうまでもないだろう。

オーナーとの信頼関係

１つ特筆しておかねばならないことがある。現地法人がこういった新しいことに挑戦することは一般的な本社〜海外現地法人の関係で先ず実現できないかできたとしても恐ろしく長い時間がかかるであろう。それは現地と日本サイドの間であぁでもないこうでもない、あれを出せこれを出せが続くのが普通である。そのうちに機会を逃したり、現地のやる気が喪失したりするのが関の山である。

しかし我々は違った。それはひとえにオーナーと私の信頼関係が強力であったからこそ、殆どのことを任せてくれたオーナーの度量の大きさがあったからである。

6　中南米市場の攻略

中南米市場を視野に入れる

国内市場での既存顧客の深耕、新規顧客の獲得、新しい市場の開拓は販売会社成長のための宿命のようなものである。成長スピードが鈍化し停滞することは何もしなければ後退を意味するのである。

欧州市場統括の人材の採用と共に私は欧米統括事業部長としての任を解かれ、北米中南米市場に注力できるようになった。

カナダの代理店とは長い付き合いで管轄は本社ではあったが、私は引き続き代理店オーナーと肝胆相照らす仲で折あるごとに行き来し情報交換しながら引き続き彼から多くを学ばせてもらった。そして欧州市場が手から離れ少し余裕が出てきたと同時にそれまで殆ど手つかずであった中南米市場を視野に入れ始めた。

毎年ニューヨークで開催される全米最大の眼鏡業界の展示会ビジョンエクスポは中南米から多くの視察者がやってくる。その中には勿論各国の代理店候補者がブースに立ち寄り商談をしていく。その中で我々は先ず南米で一番近いコロンビアの代理店を選定し取引を始めた。そして中南米のビジネスのノウハウを勉強した。それからブラジル、アルゼンチンなどを開拓して行こうと決めた。

メキシコは隣国にて将来的にはアメリカの子会社として小さな販売会社を設立し直接販売を考えていたので慎重に代理店選びをした。彼等はメキシコ最大の卸売だったので付かず離れずの関係を保ちながら色々メキシコ市場の調査を同時進行的に進めて行った。そしていずれはメキシコの販売会社が中米市場を管轄して行くような組織をつくる計画であった。

中南米出張のための身代金保険

東南アジアは日本から最も近い市場でありアジア人のメンタリティは似ているところもありまた

ルックイーストのイメージが強かったから比較的容易に市場開拓ができていったのだと思う。ところが地理的には近隣といっても中南米は北米と全く異なったビジネスメンタリティを持っているので彼等との商いは遥かに難しいといわれてきた。鍵は如何にしっかりした組織で安定した運営をしている会社を見つけ彼等とパートナーシップが組めるかであった。

玉石混合の中からこれはと思う会社を探し出すのは容易なことではないが、それでも業界の情報網を駆使しコロンビアの代理店を選定した。私は商い開始後暫くしてから必ず先方の会社を訪ねその会社運営状況とか市場の特徴などを勉強するために貿易担当者と共に出かけて行った。

中南米に出かける前に会社幹部のたっての願いで誘拐された場合の身代金保険に入会させられた。逆にいうと中南米での出張はそれだけリスクが多いということである。社長が誘拐されて急にいなくなるとビジネス上の損失も被るので身代金２億＋ビジネス損失３億＝合計５億の保険金をかけられたのであるが、逆に俺の命の値段はそんな程度のものなんかと複雑な気持ちになった。

低開発国の代理店

コロンビアは最初は首都ボコタに舞い降りた。勿論代理店の社長が出迎えてくれたが空港からホテルまでの道中は正に貧困集落の連続でまずカルチャーショックを感じた。市の中心地にあるホテルは立派だったが、ロビーに沢山の兵士が機関銃を持って警備していたので、こりゃ大変な国に来たなと思った。流石拳銃と麻薬の国だと感心することしきり（笑）。

翌日は市内の主立った小売店を視察し彼の車でカリブ海に面したバランキアに向かった。そこに彼の会社があったからである。彼の父親は眼科医を長いことやって来たので資産家であり凄い豪邸に住んでいた。それ以後あちらこちらの中南米の国を訪れることになるのだが、どこもかしこも貧富の差が激しいのは共通していた。一握りの資産家や支配階級とマジョリティの貧困階級の構図である。

何処の国の代理店も皆んな資産家であったから彼らとの付き合いでその差の激しさをまざまざと見せつけられたのである。滞在中にカルタヒーナという海辺のリゾートに連れて行ってもらったが、金持ち達がプライベートビーチやプールで寝そべっている近くの道端で着の身着のままの何組もの親子が金を無心している姿があまりにも衝撃的であった。

カルチャーショック

ブラジルには4度程行く機会があった。サンパウロでの展示会に参加しその足で代理店のあるリオデジャネイロに移動するのが常であった。流石カーニバルとサッカーの国、彼等は陽気だった。シュラスコとカイピリーニャにはまった。今まで世界各国の展示会に参加したが、ブラジルのそれは想像を絶するものであった。会場オープンが正午、それから一応クローズが午後9時。しかし会場から誰も去ろうとしない。飲みながらの商談が続く。そしてやっと真夜中になると静かになる。

さてホテルに帰ろうとすると、「何を考えているんや、さあ今からディナーに行こう!」と強引に誘われた。レストランについたら驚くなかれ満席、幸い予約がしてあったらしく難なく座れはしたがそれから延々と明け方3時までの飲み食いやダベリング。これでやっと会場が正午にオープンする謎が解けた。こんな調子で三日三晩午前様の連続であったが、ブラジル人のタフさは正に脱帽ものである。

つかの間の息抜き

リオはカーニバルの街、何時訪れても感動の大都会であった。そこにはまた富と貧困が織りなしていた。山の中腹を見ると所狭しと小さな家々が並んでいる。世界最大級のスラム街の一部でファベーラと呼ばれ市内のあちらこちらに存在し、リオの人口の4分の1の150万人が生活していると言われている。片や、リオの顔としてあまりにも有名な巨大なキリスト像が立つコルコバードの丘。そこからの絶景は息を飲む程に雄大で美しい。

また別の機会には、ヘリコプターで空からリオの街を眺めたがそれも圧巻であった。私は何百回となく世界のあちらこちらに出張したが、基本的にはビジネスオンリー。しかし、リオだけは違った。仕事は二の次で、いてもたってもいられないほど魅惑的な街であったのである。たまの観光くらいでバチは当たらないだろうと自分に言い聞かせた（笑）。

ブラジルの代理店のオーナーは若くやり手でスマートなビジネスマンでありアメリカによく来たから意気投合し、とてもいい関係を構築できたと思う。時にはその足でウルグアイやアルゼンチンそしてチリの代理店も訪れた。いずれも各々の国ではトップクラスの会社で、アメリカ市場でのシャルマンの立ち位置を知っているが故に彼等も喜んで我々とのビジネスを続けてくれた。

アルゼンチンの代理店はブエノスアイレスでは有名な眼科医及びチェーン店でそこのオーナーに気に入られた私はアルゼンチンタンゴに連れて行ってもらったりレストランでの珍しい食事を楽しんだ。ラテンの匂いプンプンの中南米の都市でブエノスアイレスだけは異色、ここは「南米のパリ」といわれる程景観が非常にヨーロッパらしく、街を歩いていると南米にいることをふと忘れてしまいそうになる。

7　アメリカ市場に定着した我が社のブランド

群雄割拠、巨大なアメリカ市場

繰り返しいうが、アメリカは世界最大の市場であり且つ最も厳しい市場でもある。眼鏡フレームの競合他社は今も昔もいつも３００社くらいである。しかしその内容となると違って来る。毎年その1割が倒産とか撤退をするが、同時に1割が新規参入してくるのである。

換言すれば、それだけの消費市場が存在するということである。また回転ドアの如くに競合他社の出入りがあるが、端的にいえば10年で総入れ替えの数字でもある。

そして以前からズッといわれて来たことだが、この市場で1％のマーケットシェアを取れば大成功だといわれた。世界から参入してくる連中は一様に「たかが1％くらいならそんなに難しくない。

何とか取れるだろう」と軽い気持ちでやってくるのだが、あにはからんや、とてもじゃないけれど達成が難しい数字なのである。

数字で捉える我が社の成長

米国シャルマンも過去20年近く紆余曲折があり途中で浮き沈みはあったものの概ね右肩上がりで成長して来た。最盛期の頃のもので正確ではないが当たらずとも遠からずの数字がある。全米の可能顧客件数35000か所のうち、顧客名簿に乗っている件数は20000軒、常時取引のある顧客は1200軒くらいであったと思う。ということは街角の小売店の2軒に1軒はシャルマンのフレームが棚に並べられているということである。

一番多く出荷した年は年間ネットで200万枚。ということは2割が返品されて来る勘定だと240万枚出荷したということである。「シャルマン」「アリスター」「CXD」の3事業部体制をしき、レップの数はトータルで160名、ニュージャージーのバックオフィスには140名。総勢300人社員をかかえた、販売会社としては大部隊であった。業界での地位はナンバー10から5位以内までとなり、マーケットシェアは3％前後といわれたのである。

先駆者のみが知る世界で戦うための条件

余談となるが、我々は日本の眼鏡フレーム業界からのアメリカ市場進出の第1号である。幸い上手く軌道に乗ったので、それ以降10社程同業の日本企業が進出してきた。私は一応パイオニアであり先輩企業として彼等の訪問を心よく受け容れ、ざっくばらんに色々な苦労話をしたりできる限りの情報を与えたりオフィスや倉庫のオペレーションを見せてあげた。これまたガラス張りのオープン経営の一環である。

あちらこちら見せたら企業秘密まで持って行かれるのではないかなどとは一切考えなかった。唯ひたすらに彼等の成功を祈るあまりの行為だった。我々以外の1社でも2社でも仲間が増えれば相対的に日本のフレームの評価が上がって行きそれは我々に取っても大きなプラスになっていくのである。しかしながら今尚まともに会社運営をしているのは米国シャルマンしかないと聞いている。

殆どが会社整理や倒産、そしてアメリカ市場からの撤退をしたのである。嬉しいような寂しいような複雑な気持ちである。彼等は何故失敗したのだろうか!?　多分私がアドバイスした反対のことをやったのではないだろうか!?　あまりにもオープンに話したので逆に疑心暗鬼になったのかも知れない（笑）。

俺流の経営スタイル

これらの成長を支えて来たのは「俺流の経営スタイル」に徹したからだと思っている。多民族国家、雑種文化の人間集団をまとめて行かねばならないアメリカでのマネージメントの難しさは殆どが単一民族である日本国内の企業のそれと比較するべくもない。試行錯誤の連続であったが少なくともここで学んだことは、如何に我慢し、日本的メンタリティを払拭し、時には目を瞑る経営ができるかである。

外資系企業には教科書も参考書もない。しかし敢えていうなら人種・言葉・メンタリティ・習慣等色々な違いはあれど、会社を構成している最も重要な部分は人であり、人間性重視の経営を心掛ける限り、如何なる地にあっても成功の確率は非常に高いと確信している。

勿論俺流とはいっても日本本社及びグループの経営理念は堅持しつつ、ここアメリカでの自由・平等・博愛の国民性にマッチした独自の企業文化を創造している会社は沢山あり求心力さえ失わなければ、各々の国で最も効率的な経営手法をドンドン取り入れて行くべきである。

在米の日本企業の弱点は随所に垣間見られる。聞くところによるとこちらの日系企業の60％は赤字経営と聞く。それは何故か？　日本からのリモートコントロールが最大のガンである。

現地化への成功は、現地社員への権限の委譲と責任の明確化であり、それができないような度量の小さい企業に海外での成功はない。その上で会社の方針と方向性を明示しコミュニケーションを図りモチベーションを与えれば、アメリカ人のほうがかえって日本人よりも高い生産性を上げることができることに気づくはずである。

日本の片田舎の一企業でも世界に羽ばたける

そして何事もフェアであること、約束を守ることは異文化の人々との信頼関係を築くのに必要且つ最低条件であることも忘れてはならない。

もう1つ大事なのはトップの姿勢である。様々な能力が要求されることもさることながら、アメリカ人の心がわかる人材でなければならない。

ましてトップが日本人であるならば現地に骨を埋めるくらいの覚悟が必要である。船の浮き沈みとともに船長は最後までその会社の行く末に責任を持つという気迫を現地社員に示すことで一体感が生まれてくるのである。

中途半端な駐在員システムは、常に日本を向いた消極的経営の域を脱しない。現地トップが自主性のない、独自の企業文化さえない会社に優秀な現地社員は来ないしとどまらないことを認識すべきである。研修社員ならいざ知らず、これからの派遣社員は企業自体も含めて移民するぐらいの覚悟で身も心も現地化しないと成功はおぼつかないだろう。

我々シャルマングループは企業規模からみると福井の片田舎の中堅企業である。しかしメガネフレームという僅か10グラムの商品をもって「世界のシャルマン」になろうと積極的に海外戦略を展開してきた。

グループ傘下2000名弱の社員を率いる創始者堀川馨氏の卓越したリーダーシップで、いままで大胆に打ってきた海外市場への布石が今着実に開花しつつある。

それ故に私は自信を持って日本の片田舎の一企業でも世界に羽ばたける無限の可能性を見たといえるのである。

８　チタンフレームの先駆者

チタンフレームの商品化に成功

アメリカ市場に進出して10年近くになっていた。業界でもシャルマンの名前を知らない人はいないくらいになってはいたが、位置的にはまだまだ中堅の会社のイメージであった。

その頃は毎年の円高対応に追われ中々先手が打てず忸怩たる思いがしていたが、１９８０年の後半に福井の産地がチタン素材を使ったメガネフレームの製造技術の確立に成功した。

チタンはメタル素材の１つで特徴としては塩分に強く錆びにくいことから汗に強い、そして皮膚にあまり影響を与えず金属アレルギーの人でも掛けられる、その上軽くて掛けやすい、これらのことからメガネは１日中掛けることを考えると申し分ない素材である。

しかし製造に成功したとはいえ、ロー付けとかメッキが上手くいかない、デザインに沿う加工技術が未熟等で商品化するのにはまだまだハードルが高かった。

各社ともにトライアル＆エラーを繰り返しながら市場性あるチタンフレームの製造を目指していたのである。その中でも純チタン製のフレーム技術は高度なものが要求されたが、我が社の工場部門ではとうとうそれらの難点を克服し純チタンフレームの量産体制を確立した。その成功と共に国内では既に販売を開始し市場でのインパクトは大変に大きなものがあった。

したがって、1991年米国シャルマンもアメリカ市場で他社に先駆けて純チタンフレームの紹介そして販売を開始したのである。それ以降「チタンのシャルマン」「チタンフレームのパイオニア」として市場から高い評価を受け続けたのである。

その他に純チタンフレームと混同されがちな合金フレームがある。いずれもチタン素材が入っていて代表的なものにベータチタンがあり、形は少し曲がっても弾力性があるためすぐ復元される。しかしベータチタンは約70％がチタンでその他が異種金属、純チタンと比べると軽さでは劣るが弾力性に優れている。

次にNT合金で別名「形状記憶合金」と呼ばれるニッケルとチタンを同じ割合で混ぜた合金がある。特徴は曲げても元に戻る形状保持性がありそのためにメガネの形が変形することなく顔にメガネがフィットし続けるというメリットがある。

他の追従を許さない我が社のチタンフレーム

そして究極はメガネフレームの中でも「最強且つ最良」との呼び声が高い「エクセレンスチタン」これは我が社シャルマンが金属研究では世界的に権威ある大学の研究室と8年もかかって共同開発の末、実用化に成功した特許商品である。「エクセレンスチタン」は①強さ②軽さ③錆びにくさ④ニッケルフリー、というメガネフレームが求められる性能をすべて併せ持っている。

更には⑤柔らかく曲がり元に戻る「超弾性」という性能を発現するためメガネフレームのテンプ

ル（つる）に採用することで掛けている人の頭を包み込むような柔らかな感触（掛け心地）を長く持続する、正にメガネフレームに取って理想的なベネフィットを実現することができたのである。

純チタンフレームの開発実用化そして販売開始から20年、微妙な金属部品をレーザーで接合する機能を開発し、従来の接合方法では実現できなかったメガネフレームの常識を打ち破るデザイン性と機能性を兼ね備えた製品の製造が可能となった。

２００９年から個性的なデザインで女性のためのメガネフレーム「ラインアート」シリーズを販売開始。現在では男性向けや世界市場向けの製品などへ展開し、グローバル市場でも絶賛されているのである。

それから遅れること数年、米国シャルマンでも「ラインアート」コレクションを発売「Leading the way」の謳い文句でことチタンフレームに関しては競合他社の追従を許さぬ「チタンのシャルマン」の地位を不動なものにしたのである。そしていつかはナンバーワンの座をと願って来た夢が実現したのである。

アメリカの半端なきエネルギー

我々シャルマングループの弛まぬ研究や技術開発そして高品質の商品を提供し続けて来た実績や業界への貢献が認められる日がやって来た。２００１年９月11日は忘れもしない同時多発テロの大惨事でアメリカがいや世界全体がパニックに陥った日である。そして他業界と同じく眼鏡業界も暫くは大きな消費の落ち込みが予測され、現状復帰が何時なされるか誰もわからなかった。

年が明けた２００２年、アメリカの眼鏡業界は3月毎年恒例の展示会ビジョンエクスポを開催すると発表した。人々の沈んだ気持ちを高揚するのと卑劣なテロなんかには絶対に負けないという業界の強固な意志を垣間見たのである。それはまたアメリカ全体の、国を一刻も早く再生しようとする半端なきエネルギーであった。

日本に、東洋にシャルマンあり

展示会が開催される前夜、私達はマンハッタンの夜景が一望できる有名なロックフェラーセンター65階のレインボールームに招待された。そこは業界最大手ジョブソン出版社主催、業界協賛でのスター・オブ・ビジョン賞の表彰式会場であった。会場には３００名くらいの人々が招待されていただろうか。そこは我が社のオーナーであるグループ会長が業界最高の栄誉ある賞を授与される晴れの場であった。

過去に表彰された人達は皆んな眼鏡業界では世界的に著名な方々ばかりであり、これ以上の名誉はないという程のものであったのである。それらの受賞者は多岐に亘りフレームメーカー、販売会社、小売りチェーン店、レンズメーカーや販売会社などそれぞれの創業者やＣＥＯ達。フレーム部門では世界最大のルックスオティカ、それに続くサフィロ、マーシャン、シルエット。レンズ部門ではエシロール、ローデンストック、ツァイス。小売部門ではレンズクラフターズ、パールビジョン。

そうそうたる世界の顔ぶれである。その殿堂ともいえるグループの中に我が社のオーナーがノミネートされたのである。それは世界の眼鏡業界に「日本に、東洋にシャルマンあり！」と高らかにその存在を知らしめた発表で、会長は勿論のこと我々出席者全員が感ここに極まれりの瞬間であった。

業界最高の栄誉

表彰選考委員会のコメントを読むと、シャルマングループ創始者の堀川馨氏の起業家としての類まれなる先見性とチタンフレームに代表される新しい分野への果敢なる挑戦、飽くなき技術革新と強い海外志向性が今日の世界でもトップクラスの素晴らしいシャルマングループを築き上げたと賞賛していた。司会者からコメントをということでオーナーは簡単に受賞の喜びとお礼を述べ「後は君しゃべれ！」といってマイクを渡された。

私は感激に浸っていたから急なことで一瞬戸惑ったが、気を取り直し話し始めた。何時かこんな機会があれば是非とも触れたい、と思っていたことがあった。それは20年前アメリカ進出直前にこの表彰式の主催社ジョブソン出版社を訪れたときの屈辱的な思い出話である。そこには出版社の創業者オーナーや当時の幹部連中も出席していた。

一世一代のスピーチ

「皆さん、今日は晴れの日ですが、私に苦い思い出話をさせてください」会場は静まり返った。

「シャルマンは20年前アメリカ市場に進出して来ました。当時はアメリカでのビジネスのこともましてニューヨークの右も左もわかりませんでした。だから表敬訪問をしようと迷いながらやっとのことでジョブソン出版社のオフィスを見つけたのです」聴衆に笑いが起こった。

「私達は応対してくれた幹部の方々に進出の意図とか将来計画を話したのですが、彼等の返事は屈辱的とも思えるものでした」

「その意気込みはよくわかるけど、この市場は世界一厳しい、そして半端なき市場。だから進出は諦めなさい！　今まで世界中から多くの会社がここにやって来て皆んな大火傷をして本国に帰って行ったんだよ!!」それが彼等のいった内容だった。

「皆さんよくご存知でしょうが、私の前身はカウボーイです。したがって心の中で何度もFワードやSワードを叫びました」会場は笑いの渦に包まれた（ちなみに英語のFワードやSワードは低俗な罵りことばである）。

「そして帰り際に彼等にいったのは、もう汽車は走り始めているんです。だからお手並み拝見でお願いします。そのときの彼等の顔はキツネにつままれたようでした。あれから20年、私は今レインボールームにいます。ジョブソン出版社の皆さん、一言でいいですから私にコメントをください」。

会場は爆笑の渦であった。そしてジョブソン社の創業者オーナーや幹部連中は皆んな一斉に立ち上がって拍手をしてくれたのである。それは世界から著名な眼鏡業界関係者が集まった最高の晴れの場所、私にとっては終生忘れることができない一世一代のスピーチとなったのである。

第6章

郷に入れば郷に従え

1　日米働き方の違い

バナナ人間

滞米生活46年、やがて日本で生活した倍もの年月をこの国で過ごしたことになる。

以前「お前はバナナそのものだな！」と日米の友達に揶揄されたことがある。表向きは黄色いが一皮剥けば中は真っ白。言い換えれば日本人なんだけれど考え方はアメリカ人。

褒められているのかけなされているのかわからないが、人間は環境の動物と思わばそんなコメントも理解はできる。

考えは合理的となり、自己主張や自己顕示欲が強くなり、付和雷同性を嫌い、自己責任が裏腹とはなるがとことん自由を楽しむ。でもそんな自分でも日本人として変わらない部分も持ち合わせている。大和男児としては私は昭和初期の古い人間、何故か労働に関する倫理観的なものはいまだに持ち合わせているのである。

アメリカでもかつての高度成長期の企業戦士

幸い私は日米の会社で働いてきた経験があるから、日本人とアメリカ人の労働観の比較ができる。

日本では今盛んに「働き方改革」なんて騒がれているが、そもそも働き方というのはお上からのプレッシャーで決めるものではなく、あくまで個人の裁量で己の好きなように働きまたそれ故に生き甲斐を見い出していけばいいのである。

しかしながら例えば先進国で「過労死」があるのは日本だけでそれは英語「KAROSHI」とさえ表記されるまでになっている。

つまり、欧米では死ぬまで働くとか「過労死」などという概念はないのである。

今でも会社人間といわれる連中の根っこの部分ではあまり大きな変化はないと思うが、私がいた頃の日本は所謂高度成長時代、日本のサラリーマン達は「通勤ラッシュ」「企業戦士」「モーレツ社員」「気合いや根性で目標達成」「深夜に営業研修」とかで朝早くから夜遅くまで懸命に働いて「男は仕事で女が家庭を守る」が当たり前であった。

実は私はアメリカで会社を立ち上げ経営の真似事をして来たのだが、その部分だけは変わらずに「高度成長期の日本人の企業戦士」そのものであった。

労働観の違いからくるもの

そんな労働観をもった日本人のトップが多くのアメリカ人社員達を統率して行くわけだから自分の中で労働観に対する大幅なアジャストが必要であった。何故なら こと働くことに関しては多くの点で日本の常識が世界の非常識であるからである。

例えば、働き方の違いで日本の企業では当たり前だが欧米にないものとして「サービス残業」がある。アメリカ人社員は「サービス残業って何？　それ何も支払われないの？　そんなこと絶対にあり得ない！」、そして「朝礼」彼等は「そんなことやらないよ、軍隊じゃあるまいし！」、それから「入社式」彼等は「何それ？　皆入社してくるタイミングがバラバラだからそんなことしないよ！」、また「人事異動」については「全く違うポジションに移動なんて絶対にあり得ない！」、何故なら欧米は自分で選んだ仕事をズッと続ける「就職」であるのに、日本は会社に入って職種を振り分けられる「就社」である。

また「定年退職金」なるものは存在しない。契約制であり定年なるものがないから、そのままシンプルに退職して終わりである。

それとアメリカ人は給料に比例して働く。それは役職ごとの役割と責任がハッキリと定義化されていて皆んな自分の役割分だけは過不足なく働く。

ある意味軍隊のように上から下までそれが明文化され意思決定が守られ実行されて行くとそれはそれで効率のよい組織ができあがる。これがアメリカの社員が早く帰れる一因ともなっていると思われる。ちなみに給料に責任・仕事量が比例する分、昇進する程仕事が増えるのである。

信賞必罰がはっきりしている

それとアメリカの会社はフェア。仕事ができる社員には優しい。しかし反面できない社員会社に合わない社員は仕事や態度の改善警告は事前に出すが、上司の一存で即日首になることも珍しくない。何故当日かというと辞めるまでに猶予があるとデータを抜き取られたり悪用される恐れがある。また猶予を与えるとそれからは仕事をしないのがアメリカ人である。

それとアメリカの会社には窓際族なるものはいない。過去に会社に貢献した社員だとしても今仕事をしないのなら会社にいる意味がない。そのかわり過去に貢献した社員はその当時きっちり大きな報酬を受け取っている筈である。アメリカとはそういう社会である。

アメリカの典型的なモウレツ経営者

とりわけアメリカ人の経営者は土日はきっちり休んだりゴルフに行ったりのイメージが強いが非常によく働く。たまたま土日に会社があるオフィスパークに行くと多くの経営者の車をよく見かける。家庭サービスを抜けて数時間でもオフィスに来て働いている経営者が多い。また家族との食事が終わった後も大量のメールが届く。バケーションだといってたのに、と思う時期にもメールが届くのである。

アメリカの経営者は大変だなぁ～とつぶやいた人がいた。

「仕事も忙しい。でも定時に帰って家庭サービスをし食事が終わればまた仕事をしなければならない。庭の草刈りも落ち葉広いも雪かきもそしてクリスマスになればツリーや内外のデコレーションまで父親の仕事。またバーベキューをするときは買い出しからクッキング後片づけまですべて男性の仕事。母の日は盛大にお祝いするのに父の日は忘れられることも多い。こんなにも働いている

のに…。」（笑）

だから効率よく仕事をしないと会社でも家庭でも苦情が来る。短時間でどれだけの仕事を効率よくこなすかが勝負なのである。またアメリカでは国内でも3時間の時差がある。サンフランシスコの場合9時に出勤すればニューヨークは正午である。そのために早朝出勤する人も多いのである。

とはいえ日本のニュースでよく聞く「過労死」とか「ブラック企業」と言った言葉は殆ど聞かれない。雇用者を守る法律も多いが、すべて自己判断と自己責任の社会ではある。

上には上がいる

私は日本でのモーレツ社員で且つ企業戦士だとの自負があった。グループの欧米統括事業部長であった頃から社長の座を後進に譲るまでの長い間、私の会社人生はアメリカ国内はもとよりカナダや日本並びに香港・中国、ヨーロッパのドイツ・フランス・イギリス・イタリアそして中南米のメキシコ・ブラジル・コロンビア等への出張に継ぐ出張で家庭を顧みることは先ずなかった。

それで当たり前だと思って来たのだが、アメリカの経営者を見て自らの傲慢さというか家庭に対しての身勝手さに自己嫌悪に陥ったものである。

しかしそれを矯正しようにも時既に遅し。女房とは少しばかりの断絶があったが、彼女の他界前に詫びを入れ、一人息子とはその当時大いなる断絶をつくってしまったがため、今尚その付けを少しずつでも払っているのである。

２　リーダーシップとスピーチ

卓越したリーダーはスピーチの達人

アメリカでは人々がリーダーを選ぶ際には必ずスピーチ力というのが入って来る。人の上に立つ人間というのは、皆んなをまとめる影響力を持っていなければならないので、効果的なスピーチができるという期待値がある。

日本とアメリカで力の差を感じるのが政治家のスピーチ、また同様にビジネスマンのスピーチもしかりである。会社人生23年にわたって、私も数限りないスピーチの場面に出くわし、その度にスピーチのコツとか要諦を学び体験していった。

取り分け、会社が危機に瀕したり新しいことに挑戦したり、また未来への夢を語ったりするときなどスピーチの重要性をひしひしと感じ、緊張したものである。習うより慣れろで数を重ねていくといつしか聴衆は多ければ多い程、自分も熱くなっていくことを覚えた程である。

英語のスピーチで聴衆を感動させたら１人前

私は弁舌豊かな人間には程遠くどちらかといえば引っ込み思案であった。しかしよく地位は人をつくるといわれるが、社長というのは事あるごとにスピーチをするのが仕事と割り切って逆にどうしたらリーダーとしての私の仕事に対するパッションとか会社のビジョンとか将来の夢とかをわかってもらえるのだろうか？　どのように語りかけたら一番効果的なのかを考え続けた。まして私は英語のネイティブではないから、私にとっては大いなる挑戦でもあった。

スピーチする上で文法的に間違っていたり発音が悪いのは一般的には準備ができていないスピーチだと思われる。

しかし私はここで渡米直後からカウボーイの世界に入り彼等に荒っぽくあまり上品でない英語ばかり教わったから正当な英語を話すことができないのでご容赦願いたいと最初から笑いを取る。それで一気に雰囲気は和やかになるのである。

そして思ったのは英語力があるというのは、スピードというか早口で喋ることではなく、「確実に相手に伝わる英語」を話すということなのである。

達人から学ぶ

オバマ大統領はスピーチの達人といわれるが、彼を筆頭にアメリカのリーダー達はわざとくらいゆくりと話す。必要なことは説得力であり自分の言葉を1つひとつ確実に聞き手に伝えることである。

コミュニケーションやスピーチのクラスでも必ず評価される部分が「アイコンタクトを取っているか」とか「リスナーの反応を受け取っているか」だからスピーチをする際には如何に聞き手への

反応や配慮が大事かがわかるのである。

オバマ大統領のスピーチの一番の特徴は言葉の力そのものにある。語り口はクールであり激高したり叫んだりすることが殆どない。自己陶酔に陥ることなくむしろ常に聴衆を見ている。抑制した話し方が却って説得力や信頼性を増しているのである。そして「この人に付いて行けば明日はよくなると思わせる説得力、そして聞いている人達を自分もアメリカという国家国民の一部だと思わせる力である。

社長のスピーチ

そのことはまた会社のリーダーである社長にも当てはまる。彼に取っては言葉の力、演説でのメッセージ発信力は最大の武器である。この社長の存在が人を動かし、組織を動かし、会社を動かすという期待感がある。力強いメッセージや感動的な言葉に接すると人間は限りなく気持ちが高揚し奮い立つものである。そういった意味では我が社のアメリカ人社員達も私のような異端児的な日本人社長に明日の自分達の生活やその先の人生を託してみようという気持ちになったのかも知れない。

また私が感じたのはスピーチというのはひとりよがりであってはならない。聞く人の立場に立つことが大切である。例えば社長が「会社の業績がよくないのでコスト削減に取り組まねばならないから皆んな耐えてくれ」というスピーチはあまりにも日本的である。恐らく日本のマネージメントは「会社は真剣だから頑張らなくちゃ、と努力してくれるだろう」なんて期待してしまうかも知れない。ところが聞き手のアメリカ人社員達はやる気を喪失し転職先を探し始めるだろう。

アメリカ流のスピーチだったら「この困難な状況を皆んなで力を合わせて乗り越えよう」といった内容になる。必ず聴衆の立場に自分を持って行くことがスピーチの要諦であるし、感情移入が感じられなかったり共感を呼ばなければ人は付いて行かない。「会社はこうだから」ということに強引に合意させるやり方では社員達の合意を取り付けるのは困難である。アメリカでの効果的なスピーチは、実際に聴衆と対話しながら進めたりするので、この部分は聴衆が黙って聞いている日本のスタイルとは大きくことなるのである。

間の取り方がスピーチの要諦

そして私が最もスピーチのスキル上最も関心を持ち実践したのが「間（ま）」の取り方である。感動的なスピーチを分析してみるとある共通点が見つかる。それはどの話し手も「間」の使い方が絶妙であるのだ。「間」とは「無言で何かを伝える時間」のこと。話し手の言葉が聞き手の耳から脳に届く目安の時間は3秒といわれている。でも時にはそれよりもっと長い「間」が効果的なときがある。

5秒以上の「間」は話し手に取ってはかなりの勇気がいるがそれは特に聞き手が大勢のときに力を発揮する。会場のざわめきが収まるまで微笑みながら無言で待つ。強調したい言葉の前後にこの

「間」を取ると注目度が一気に高まるのである。また人によってはスピーチの前に原稿を書いたほうが安心するタイプと原稿があると却って上手く行かないタイプがあるが、私は専ら後者。勿論話す前にキーワードと要点だけはメモしておくと頭の整理ができてわかりやすい話ができるのである。

いつの間にやらスピーチが大好きになった

社長という立場上、私はスピーチとか講話講演の機会は非常に多かった。オフィスでの毎週の朝礼、月初めの目標の発表、年頭所感、会社のピクニックやクリスマスパーティーでの挨拶、全国販売会議でのスピーチ、顧客から優秀サプライヤーとして表彰されたときのアクセプタンススピーチ、業界の協会でのプレゼンテーション、加えて本社出張時の全社員に対する報告等々所謂「社長のスピーチ」は延々と続くのである。

そんなことを20年以上も続けてきたわけだが、スピーチも場数を踏んでくると聴衆の数が多ければ多い程私は燃えてくるようになった。今までに一番多くの聴衆を相手に話したのは、世界的な巨大小売店のベンダーオブザイヤー（年間最優秀供給先）に選ばれたときの勿論英語による受賞スピーチであった。

約１０００人の聴衆の前であったが、短いスピーチであったにもかかわらず終わった後はスタンディングオベージョン（総立ちの拍手喝采）の洗礼を受けたのだが、そのときの感激は今尚忘れもしない。

3　ラグビーから学ぶ全員経営

全員経営を目指す

私には難しい経営手法はわからない。

ただ学生時代あの楕円球のラグビーに明け暮れたときに体得した「One for all, All for one」という言葉に固執した。

直訳すれば「1人は全員のために、全員は1人のために」ラグビーが他のスポーツと大きく異なる点はとにかく色々な選手がいることだ。背が高い、低い、痩せている、太っている選手など体格の異なる1チーム15人が1つのフィールドで共存する。これはラグビーが球技の中でも特にポジションによって求められるプレーヤーや役割が大きく異なるためで、どのポジションのメンバーが欠けても勝利に辿り着くことはできない。

大きな身体の選手達がスクラムを組んでボールを取る。それを小柄な選手が絶妙なタイミングで後ろにパスを出す。パスを受けた足の速い選手がタックルされたときのために、身体の大きな選手が全力で後を追う。こうして1人ひとりがその役割を果たすことで勝利を手にすることができる。

それ故に仲間を守るため躊躇している暇もないし見返りを求める余裕もない。

ラグビーをプレーしている選手達はこれを心の底から理解しているから自分のためではなく常に

仲間のために無心でプレーする。その気持ちや姿勢がメンバーの心を互いに前に動かし時には勇気を与えて行くのである。これが体感できるスポーツは中々ないのである。

苦楽を共に分かち合う

スポーツに限らず仲間と切磋琢磨し共に掴み取った喜びは、自分1人だけで掴んだ喜びの5倍10倍といった大きなものとなる。それは自分1人では不可能なことを達成できるというより難しい物事への達成感ということだけでなく、人が相手の気持ちを受け取って自分のものにすることができるという共感能力を持っているからだと思う。

ラグビーは普段から身体そのものをぶつけ合うような厳しいトレーニングを行うことや、他のメンバーがいるからこそ勝利に辿り着けるという特性があるから、チームメンバー同士の繋がりは他のどの競技と比べてもより密接なものなのである。だからこそ勝利のときの喜びも、敗戦のときの悔しさも、他のどんな競技よりも強く感じることができる。これもラグビーのよさの1つである。

「見返りを求めず誰かのために無心で頑張る」「皆んなで勝利を掴む」、これらのことは個人や普段の生活では中々できることではない。

例えば会社組織を通してこそ体験できるのである。「自分の勝利は皆んなの勝利、皆んなの幸せは自分の幸せ」こんな思いを社員に言い明かせることができれば、私の会社は絶対に強くなると自分に言い聞かせたのである。

1人が全員のために全員は1人のために

この考えは「全員経営」を連想すると思う。全員経営とは経営者ができるだけ仕事を任せて部下1人ひとりの自主性を活かそうとする経営手法である。経営の目的や目標を明確にした上で仕事のやり方を細かく規定せずに社員に任せ自分の仕事を責任を持って遂行してもらうこと。換言すればその場その場でそれぞれの知恵が最大限に発揮され全体として皆んなの衆知が活かされるのである。

ラグビーでは15人の選手の誰が欠けても勝利できない、そして各々が自分のポジションの仕事を責任を持って遂行しなければ往々にしてそれがミステイクにつながり負けてしまうことがあるのである。それは会社組織でも当てはまること。レップが一生懸命に取って来た注文を出荷担当が間違った商品を棚からピックアップしそれを顧客に送れば顧客は憤慨し下手をすれば会社はその顧客から締め出されそれ以後のビジネスチャンスを失うことさえあるのである。正に「1人は全員のために全員は1人のために」のチームワークが必要とされるのである。

チームワークづくり

かかる観点から私は、会社内の如何なる仕事もそれに従事する社員も公明正大に対応するように心がけたのである。ユニークな企業文化の形成でも触れたが、私は各々の人間性を重視し、何事もフェアーに取り組んだ。

例えば典型的なアメリカの会社は、オフィスと入出荷業務の倉庫の間にある扉には内側から鍵が掛けられている。オフィスの連中は必要に応じて倉庫に出入りできるが、倉庫の社員はオフィスには入れない仕組みになっている。

出入り口も食堂もトイレもすべて別である。私はこんなバカなことはないと最初から双方の行き来を自由にし食堂もトイレも共有させた。そのことによる社員の一体感というかチームワークの形成は素晴らしいものがあった。勿論朝礼や月礼も全員一緒である。

また販売部隊とオフィスの連中の連帯感を醸成するために全国販売会議にはオフィス社員を交代交代でできるだけ参加させ彼等の仕事を理解してもらうようにした。また逆に時には販売会議をホームオフィス近辺で開催し、オフィスや倉庫の社員の仕事を見学し理解してもらうように努めた。そして会議の最終日には全社員一堂に会しての一大パーティーを開催しチームワークの確立を図ったのである。３００名もの軍団が一堂に介してのパーティは熱気溢れたものであったことはいうまでもないだろう。

経営幹部合宿

勿論会社全体のチームワークづくりも大事だが、私のブレーンとなる経営幹部チームを1枚岩にするため毎年数回近隣の隔離された民宿のようなところで2泊3日くらいの合宿を開いた。経営合宿などという大袈裟なものではないが、普段忙しい幹部達が時間をとって一斉に集まり、経営側だから見える会社の強みや弱みを出し合うことでこれからの会社のビジョンを描いた。合宿の最後にはしっかりとした方向性を定め、経営陣の意思の共有を図ったのである。

話し合いの前に大きなテーマを決め参加者はとことん意見を出し合うのである。具体的なテーマは毎回変われども例えば、今期見通し・来期の経営目標・競合他社に勝つためには・経営戦略の見直し・組織としてなりたい姿・会社で大切にしたい価値観等である。

そして幹部同士でコミュニケーションを取ることが大事でもある。経営陣が泊りがけで行くことは中々ない。日中は勿論会議の時間だが、夜は交流を兼ねての懇親会である。普段会社では話せないようなことも酒席では話せたりする。寝食を共にすることで一体感が生まれ良好な人間関係を築くこともできるのである。

会社の上に立つ人達の考えや方向性がブレていては、下で働いている社員達は不安になる。経営側に立っている人達が同じ方向を向き事業を大きくするために一丸となって動いて行く必要がある。それと合宿では全員が本音で話すことが大事である。

社長だからといって会社のすべてが見えるわけではないので、より多くの幹部が本音で話すことによって問題点が明らかになりそれへの迅速な対応策も打てるというメリットも大きいのである。

ただの意見交換で終わらないように合宿の最後には会社の未来を言語化することが大事である。何故なら「結局経営合宿で何をしてきたの？」という事態を避けるためにもきちんと言葉という形で残さねばならないのである。これは経営陣が日々の業務に戻ったとき、部下達にきちんと落とし込みをしそれに向けて行動し易くするためでもある。

4　異国の丘で戦友達と共に闘って

水を得た魚の如く

私は国際結婚組、相手は所謂WASPのアメリカンであったが、35年連れ添ってくれた挙句彼女は10年前に旅立っていった。そのお蔭か私はアメリカ人を知り過ぎたきらいがある。私はアメリカとアメリカ人が好きである。でなきゃ滞米生活やがて半世紀、この地を終の棲み家と定め異土の土に帰ることを躊躇しない。

アメリカは問題山積みの病める大国だが、同時にアメリカでなければ享受できないよさも沢山ある。自由でいい加減で、でも自己責任が付いて回る、そんな感じの水が私にはピッタリと合っているし、この大陸に住む自分は生き生きとしている。そして個人の属性にとらわれることなく、機会が均等に与えられ、努力が公正に認められるところにある。

今までどこで何をやってきたかとか出自はあまり問われずこれからここで何をするかが重要であるという考え方が市民権を得ているところが気に入っている。

文化の違いといえばそれまでだが

ビジネスの基本概念として「公正」「機会均等」「最小限の規制」が徹底していることは日本の比

ではない。

アメリカンドリームという言葉に示されるように誰に対しても門戸が開かれていることが何よりも素晴らしい点だと考えている。その上何といってもフレンドリーだということだろう。細かいことに拘らない懐の深さは民度の豊かさと相まって彼等の長所としてあげることができる。だから片方ではいい加減さが目につくが彼等の愛嬌だと思えば気が楽になる。

さらに人に対する親切さ・寛大さも時には大袈裟ではないかと思われるくらい日本人のそれを大きく上回るのである。以前女房の行動基準がわからないことがあった。彼女のクレジットカードの毎月の支払額が少しずつ膨らんで行ったから、問い合わせたことがある。彼女曰く「最近は毎日新聞の死亡欄をみてそこの家族に花を贈っているの！」「えッ、で、その家族とは友人・知人？」「いや会ったこともなく知らない、でも可哀想だし元気づけてあげようと思って」。

おいおいおい！　気前がいいのもいい加減にせいって感じで以後は少し考えて！　とだけいっておいた。こんな寛大さもやはり彼女がアメリカンだったからなのかも知れない。

異国の丘の戦友達

タイトルの異国の丘は勿論アメリカである。そして私に取っての戦友とは私のアメリカでの家族であり友人知人でありそして社員達である。米国シャルマンは３００名もの大世帯となったがその99％はアメリカ人社員である。取り分け私は営業開始当初から家族的経営を標榜してきたから社員は家族、そして共にビジネスの戦場で闘う戦友である。

彼等もまた同じ思いであったことは想像するに難くない。かつて太平洋戦争の時代、敵味方に分かれての戦いは国家対国家の戦いであった。個人レベルでは誰1人戦争を好むものはいない。またほぼ全員が戦争を知らない世代であったことも幸いし私達はビジネス戦線での戦友になれたのである。

ビジネスの取り組み方の違い

話をビジネスに移すと、一般的に日本では中長期の利益計画を立てて実行に移すが、アメリカでは短期の計画で走る傾向がある。

日本の経営スタイルはボトムアップでコンセンサスを得て行くが、アメリカはトップダウン。またアバウトでどんぶり勘定のアメリカ人に対して、きめ細かな積み上げ方式を重んじる日本人。自己主張が明確でプレゼンテーションの上手いアメリカ人ビジネスマンと、沈黙は金と考える日本人ビジネスマン。

これらから生まれるビジネス文化の違いは確かに大きなものがある。ただ重要なのは、やり方や文化は違えども目指すゴールは同じでプロセスのところでどちらがいいといった議論は意味がないことであり、できるだけ早く双方がゴールに対するコンセンサスを取りアクションに移すことである。

アメリカ人が合理的といわれる所以

再々アメリカ人は物事にこだわらないアバウトさを指摘してきたが、そのアバウトさは経済的合理性と表裏一体であることに注意しなければならない。例えば日本の銀行では1円でも勘定が合わない場合は全員で夜遅くまで残業して照合する（もっともこれすべてサービス残業で、アメリカでは絶対にあり得ないこと）。

最近では一部の銀行では止めているところもあるらしいが、続けている銀行ではこの照合作業を通じて「お金の大切さ」とか「チームワークの大切さ」を教えようとしている。

一方、アメリカは徹底した「合理性追及社会」で1円のためにコストをかけるようなことはしないし、精神的な教育価値を求めようともしない（日本でもサービス残業が廃止となれば、銀行の考え方も絶対に変わってこざるを得ないことは自信を持っていえる。何故なら5割増しの残業手当など払っていたら利益等圧迫する程多額になるからである）。

銀行にとってのお金（商品）の誤差は他の企業の商品（部品、材料、製品）の誤差と同じで人間のやることだから間違いがあるというほうが合理的で、誤差分はライトオフ（償却）するだけである。

会議の進め方

私は色々な会議に出席する。でも大方は聞き手に回る。

会議の参加者には徹底的に議論させる。そして結論が出ないときが私の出番となる。

ただ販売とかマーケティングとかオペレーションとか財務とかそれぞれの分野での細かい議題は概ねその担当副社長の意見を尊重する。

何故ならその分野においては彼や彼女が一番能力や経験があるからである。しかし会社のトータル的な戦略とか方向性については私が判断し決定していった。

中にはその決定に不満なものもいたが「社長の私が決定し、やってくれとお願いしているのだからそれで進めてくれ！」そういった手法はオーナーから学んだ。

彼の決定事項には時々は承服できないものもあったが「あのオーナーがいうんだからやらないとなぁ～」そのように部下にいわせられるトップは素晴らしい。最後はやはり「人間力」であるとつくずく思う次第である。

アメリカ人のパワー

アメリカ人は経営管理面を含めて何かにつけて、アバウトだとか、反省しない民族だとか、いいわけが多いとか、責任を転嫁するとか、とにかく日本人は彼等を揶揄したり批判したりする。日本人は確かに何事をやるにも用意周到で効率よく仕事を進めて行くスマートさがあり例えていうならスピード感ある小さな歯車である。しかしこの小さな歯車では効率よく回ることができても大きな力を伝えることはできない。

一方、アメリカ人はとてつもなく大きな歯車だから中々回り始めずにイライラする場面もあるが、一旦回り出すともう止めることができない程の力で回転する。

例えば、外的に対してフェアでないことが行われるとき、彼等は物凄い力で結束する。国難に立ち向かうときの彼等の団結力は恐ろしい程のパワーであることを長い滞米生活で何度も見てきた。ビジネスでいえば、ビジョンに共感し自分達がやる気になったとき、それは大きな力となって動き出すのである。

アメリカでしか成し得なかったこと

以前にも触れたが、戦争の勝敗には天の声・地の利・人の和が必要といわれる。アメリカ市場進出にあたって創業者オーナーも壮行会にてその例を引き合いに出し私達を送り出してくれた。それはまたアメリカでの私のビジネス人生にも当てはまる。

私が日本にいたら、まずこのような機会に恵まれることはなかったであろう。天の声はオーナーからの声掛けとアメリカ市場進出の機運が高まったタイミング、地の利はアメリカ在住10年の私が現地にいたこと、そして人の和はいわずもがな私を支えてくれたオーナーはじめグループとアメリカ人社員全員である。

日本にいたら、俺流の会社など絶対にできなかったであろう。アメリカにいたからこそ、いやアメリカでしか成し得なかっただろうし、そして私がサムライカウボーイであったからこそそのビジネスドラマである。

5　アメリカのエリートビジネスマンに学ぶ

アメリカにおける出世競争

アメリカにはヨーロッパやアジアや中東に見られるような王族や貴族は存在しない。生まれながらの身分とか階級はないのである。その代わり自分でのし上がっていく社会的な階級、所謂ステータスがある。

アメリカでいう金持ちとは大邸宅に住み高級車を乗り回し名門クラブの会員になるだけでなく慈善団体に巨額の寄付をしなければならない。お金さえあればドンドン上流階級へ上っていけるのがアメリカ社会なのである。

だからアメリカのエリートビジネスマン達は出世競争に死に物狂いになるのがよくわかる気がする。

誰にも成功への道を歩む平等のチャンスが与えられているのだから、アメリカのビジネスマン達は成功に向かって常に自分の運命を変えようと努力する。例えば社会的身分関係が決まっている国では人々は自分の分をわきまえて一定の社会的関係の中で自分の地位や安定を見い出すしか方法がない。

ところが、アメリカでは何らかの集団に属するとか他人との関わりに頼ろうとするのではなく、自分自身の力と努力でより高い社会的成功を達成することができるのである。

これは西部開拓史に見られるような、大自然や先住民と闘いながら自力で未開地を切り拓いて来たという伝統と自信が今日まで脈々と受け継がれているからなのである。他人に頼らない自主独立の精神が知らず知らずのうちにアメリカ人の中に培われてきているのである。

自主独立の概念

この「自主独立」という考え方はアメリカ人の根幹を成すものである。アメリカは18世紀の独立以来、民主主義という崇高な理念を育ててきたが、日本は戦後の新しい憲法の下で民主主義国家として歩んできた。しかし両国の民主主義には大きな違いがある。日本では自由と平等が強調されてきたが、アメリカでは「自由」「平等」のほかに、「自主独立」「個性尊重」「競争」が社会を形成する基本理念として国民が強く認識しているのである。

アメリカにおいて、自主独立とは個人や集団が他に束縛されずにその主体性をしっかりと発揮できることである。この理念は日本社会にはほとんどないもので、むしろもたれ合う社会、互いに束縛し合う社会の日本においては、個人が自主独立の精神を発揮することは集団にとっては大変迷惑なことなのだ。

そこで、日本社会の多くの集団や会社が組織内で個人が自主独立の姿勢をとることを普通好ましくは思わないのである。

かかる背景よりアメリカのビジネスマンは自らが決定し自らが行動するという独立独歩が基本となっているのである。だから例え努力の末に失敗したとしても他人の所為にすることはなくすべて自分自身が悪かったんだと素直に認めるのがアメリカでは当たり前のことなのである。アメリカの企業が常にパワーを維持し続けられるのはこの成功への扉がいつでも誰にでも平等に開かれているからである。

日本人も脱帽のモーレツビジネスマン達

アメリカのエリートビジネスマンは日本人とは比べ物にならないくらい猛烈に働くことはよく耳にすることである（しかし全体的な割合からいえばそれは上層部の一握り。笑）。アメリカ人は誰もが成功へのチャンスを平等に与えらえているると信じているので、禁欲的な勤勉と努力の成果として成功し金持ちになるのはピューリタン的精神とは矛盾しないと考える。だからエリートになるほど猛烈に働き金儲けへの道を驀進するのである。

コンピューターが普及した今日では帰宅後や休日に自宅でラップトップやスマートフォンで仕事に励むビジネスマンが非常に多くなってきている。１日24時間コンピュータに追いかけられながら働いているのである。社会的な地位が上になればなるほど長時間勤務になるのがアメリカのビジネスマンである。夜はカバンに書類を一杯に詰め込んで家に帰るのである。アメリカ人の中でも出世欲旺盛なホワイトカラーは実は人並み外れた仕事の虫なのである。

こうしたアメリカのビジネスマンに比べれば日本のビジネスマンはかなり気楽な稼業なのではないだろうか!? 夜は上司や同僚と1杯飲み屋で仕事のことより人間関係の構築に努力する連中が多い。もっともそのほうが出世の道が開けるわけだから何とも悲しい気がしないわけでもない。

すべての分野で差別撤廃を目指すアメリカ社会

それと一般にアメリカでは老人はあまり目立たない。若者こそが新しい時代や環境への特別な洞察力を備えていると考えているからである。現状維持ではなく変化こそが善であると信じているので過去の歴史を振り返ったり老人に意見を聞くようなことはあまりしない。常に未来に関心を向けている大胆な行動こそが歓迎されるのである。そのためアメリカ企業では50歳代から出世する例は殆どない。

30代から40代前半で副社長クラスにまで上りつめるのがごく普通である。日本とは違いアメリカの会社では、古いやり方にとらわれない若者の柔軟性こそが期待されているのである。しかし勘違いしないで欲しい。高齢者でも今尚第一線で大活躍している方々も枚挙にいとまがない。

それとやはり女性の社会進出度は半端なきものがあり、何処の会社にも女性のエグゼキュティブがキラ星の如くいるのである。年齢差別や性差別を徹底的に排除するアメリカ社会がこの豊富でパワフルな労働市場もつくり上げているのである。

私が敵わない友人

23年間の会社人生の中で多くのアメリカ人猛烈エリートビジネスマンに遭遇して来たが、そのうちの異色でとてもユニークな1人を紹介したい。彼は私の近所の住人で43歳、地方銀行の副社長であり正にアメリカのエリートビジネスマンの道を突っ走っている。実は彼は私のファイナンシャルアドバイザーであると同時に牧場オーナーでもあり、私は公私ともに大変懇意にしてもらっている。

私が牛の世話で助けが必要なときは、躊躇することなく駆けつけてくれる。バンカーであると同時に牧場運営のときはカウボーイに変身である。１００万坪の広さの牧場に４００頭程の肉牛を飼育しているのだが、出勤前の朝早くと退社後は夜遅くまで、そして週末もまるまる牧場仕事に専念である。知的仕事をこなす反面、３Kの仕事も厭わず同時にこなし、最近ではこともあろうに養蜂ビジネスも始めた。目下５００箱のミツバチから蜂蜜を収集、これも販売している。

彼は何時寝る時間があるのだろうか、その働きぶりは半端なきものがある。そのうえ４人の娘達のよき父親、奥さんとも二人三脚で家庭サービスをおろそかにしたことはない。アメリカ人の猛烈エリートビジネスマンは多々いるが、恐らく彼の右に出る程の逸材というか働き者には出逢ったことがない。

私の現役時代はただただ仕事一筋、家庭さえも顧みなかったほどである。それで精魂使い果たした感じがしたのだから、同時に他の仕事に従事しそれに費やす時間とかエネルギーなどあるわけもなかった。超人でない限りできない仕業である。いつも思うのだが世の中は本当に広い！　凄い人間がいる所には居るものだと感心することしきりである。そして彼等には素直に脱帽するのである。アメリカのエリートビジネスマンにはバランスの取れた人が多い。

確かに猛烈に働きはするが、家庭生活とのバランスの取り方は絶妙といっていい程で、「俺は家庭を顧みずに猛烈に働く企業戦士」とうそぶいてきた自分の自尊心など彼等の前に出れば木っ端みじんに打ち砕かれてしまう。私はそんなアメリカ人に敬意すら覚える。あのエネルギーは何処から湧いてくるのか⁉ 多分彼等は仕事とか職場と家庭生活のオン・オフが完璧にできるのかも知れない。その点我々日本人はその切り替えが非常に下手だし、要らぬ所でのエネルギーの消耗が激しいからなのかも知れない。

アメリカのよさは機会が均等に与えられ努力が公正に認められるところにあると思う。「公正」とか「機会均等」とか「規制の最小限」が徹底しているのは日本の比ではあるまい。アメリカンドリームという言葉に代表されるように、誰に対しても門戸が開かれていることが何よりも素晴らしい点であるし、出自や過去を問わない。大事なのは今何ができるか、これから何を成し遂げようとするのかである。

また何といってもフレンドリーで、細かいことにこだわらない懐の深さは民度の豊かさと相まって彼等の長所として上げることができる。更に人に対する親切さ・寛大さも、時には大袈裟ではないかと思えるくらい日本人のそれを大きく上回る。私はすべてではないが、そんなタイプのアメリカ人が好きである。

第7章

散り際は潔く

1　未曾有の同時多発テロ

まさかの大惨事とその新聞記事

２００1年9月11日、思い出すのも忌まわしいこの大惨事は起こった。私はこの未曾有の出来事を黙ってやり過ごすわけには行かない。それは私の長い人生において、滞米生活において、会社人生において、多大な影響を及ぼされた大事件であったからである。

私は大惨事の翌日早速日本の新聞社から緊急特別寄稿を頼まれた。次はその新聞記事だが、そのとき如何に気が動転していたかが読み取れる。

新しい世紀が明けたとき、世界の多くの人達が21世紀は平和と繁栄の時代と歓喜に酔いしれた姿を映し出したテレビ画面が今は虚しい記憶となってしまった。想像を絶すること、起きてはならぬことが起きてしまったというのがニュースを耳にしたときの実感である。幸い私達は現場からかなり離れたニュージャージーのオフィスに居たので難は逃れたが、この衝撃的なニュースは社員をパニック状態に陥れ、動転して泣きだす者も多くいた。

即報復を叫ぶ者もいた。冷静に一致団結を唱える者もいた。私のオフィスにもありとあらゆる人種の社員がいるが、このときつくづく彼等の愛国心や団結力の強さを垣間見たような気がした。アメリカ、あまりにも大きく、強く、不思議な国である。

マンハッタン南部は正にこの世の地獄、こんなことは映画でしか見たことがないような光景だ。世界唯一の超大国としてのアメリカ、その経済力や軍事力の象徴ともいえるワールドトレードセンターやペンタゴンが直接攻撃に出会ったことに国民が大変なショックを受けている。死傷者も膨大な数に上るだろう。犯人や矛先を向ける相手国がわからぬ苛立ちに、国民のやり場のない怒りはエスカレートする一方である。我々日本人には嫌な言葉だが、これは現代版真珠湾攻撃だと早速メディアが取り上げている。

アメリカはこのテロリズムに加担した国や犯人を見つけ次第、徹底的に報復することだろう。私はこの国に30年間住んでいるが故に、この国の武力行使を厭わない恐ろしさと国難に遭ったときのアメリカ人の星条旗の下での考えられない程の強い団結力をよく理解している。だが、これを機に世界同時不安や同時不況にならねばよいがと願うのは私だけではないだろう。

航空機の歴史上、アメリカ全土の空港が麻痺したのは初めてである。飛行機が1機も飛んでいないアメリカの空を想像したこともない。異常事態であり混乱と憤りが交錯している。この大惨事を境にアメリカは暫く大きな自由を失うだろう。

自由、それは彼等の建国精神であり最も大切にしてきたもの故に衝撃は大きい。この国の方向性が変わるかも知れない。それは世界の大きな歴史的変転を意味するだろう。このグローバル時代、内向きのアメリカになって行ったらそれは世界の悲劇である。この国を孤立させてはならない。ソ連崩壊後、唯一の超大国として頑張ってきたが、その世界的構造のシステムに限界がきたのかも知れない。

人類の英知と努力で新しい世界秩序を構築して行く必要がある。景気も一気にリセッション突入が予期されている。少なくとも平和と繁栄の時代が暫く遠のいたことだけは確かである。

我々アメリカ在住の同胞はこのアメリカの国難を克服するためにも、横のつながりをより強め彼等と共に頑張っていくしかない。

まるで映画を見ているような錯覚に陥った

我々はマンハッタン5番街のエンパイアステートビルのすぐ前にショウルームを構えていた。当日も顧客対応で数名の社員が直接出向していたし、また日本から出張で来ていた社員も市場調査を兼ねマンハッタンに行っていた。ワールドトレードセンターが直撃されたとき正に彼等はその真っただ中にいたわけで、後日談によると直撃現場の下部マンハッタンエリアは阿鼻叫喚の地獄絵と化し、何事が起こったのかさっぱりわからなかったといっていた。

何故なら携帯とかテレビなどの情報インフラは一時的に不通不能になったので、ただ大変な事件が発生したことだけは理解したようである。勿論彼等の安否はさっぱりわからず、我々も大いに心配をしたのであるが、やっと連絡が取れた頃にはマンハッタンに通じる橋とかトンネルはすべて閉鎖されたので、脱出することもできなかったのである。

アメリカの危機管理の凄さ

すべて未体験ゾーンのことばかりだったのでどれもこれも記憶に残っているが、その中でも印象的であったのはアメリカの危機管理の凄さであった。直撃現場への救出作業の速さはいうまでもないが、驚いたことは最初の飛行機がワールドトレードセンターに直撃した1時間後にはニュージャージーの州兵が我々のオフィスに来て「テロリストがやって来るかも知れないから一切外に出るな！」と機関銃を携えて指令に来たことである。

そのときはまだ正体不明の飛行機が10機くらいアメリカの空を飛んでいるということだった。確かに彼等の情報というか指揮命令系統がしっかりと確立されているのは半端なものではない。それから時間を置かずしてペンシルバニアとペンタゴンも襲撃されたのである。

二度と味わいたくない忌まわしい体験

私は動揺した社員を集め緊急対応をした。現場から遠く離れているのでまずパニックになる必要もないから落ち着くこと（ある研究によると、パニックにならない人は全体の15％だけで、実に70％が論理的に物を考えられなくなる。そして残りの15％は理性を失うということを思いだした）。

したがって私は落ち着いている15％の社員に賭け、他の同僚の対応をしてもらうようにした。彼等には、もし周りの人がパニックになっている場合はできるだけ落ち着かせて欲しい。そして誰かが恐怖で動けなくなっているときは、落ち着いている社員を呼ぶこと。

取り敢えずこの簡単な方法でオフィスの連中の動揺を抑えたのである。これから公私に亘って我々がかつて経験したことがないようなことが起こってくるであろう。もしこの未曾有の大惨事でアメリカ全体の消費者心理が一気に冷え込んだら、経済の停滞はおろか大幅な後退が予想される。そのとき会社はどのように対応していったらいいのだろうか⁉　そんなことに考えを及ぼす余裕など一切なかったほどの衝撃であった。

2　会社経営における最初で最後のリストラ

屈辱的な数字

２００１年は忘れもしない同時多発テロの未曾有の大惨事、２００３年は公私共に私に取っては痛恨で慙愧に耐えない年であった。消費者心理が冷え切った２００２年は大変な1年になるだろうと予測はしていたものの、売上は前年比大幅なマイナス、加えて２０００年にはアグレッシブな5か年計画を立ててその布石を打ち始めた年であった。

レップもバックオフィスの要員も増やし、コンピュータシステムの入れ替え、出荷場のレイアウトの大幅チェンジ等で成長路線に備えたのである。

それらの先行投資に見合う売上には程遠く、経費増大でかつてない赤字を計上したのである。加えてメキシコの子会社の売掛金未回収の状態がにっちもさっちも行かなくなり現地法人を整理、閉鎖することによりその損失も加味されたから、トータルでは予想外の大赤字となったのである。米国シャルマンはグループの孝行息子とか優等生といわれてきたので、その散々たる数字は私に取って屈辱的なものであった。

社長もプロ野球の監督も結果がすべての仕事

業界のいずこの会社も２００２年は苦戦をしたわけだが、あの大惨事は全く想定外の出来事で不可抗力的な要素が非常に強く、実績ある経営者でも満足の行く結果を出せなかったようだ。

プロ野球でも「監督は結果がすべての仕事」といわれるように自らの采配は間違っていなかったのだが、選手が思うようにプレーしてくれなかったから、などとの言いわけは許されるものではなかった。

私は個人的にはそのような思いが凌駕したから、結果に対しての責任を取らねばと思った。株主に対し、会社や社員に対し多大な損失を与えたわけだから、個人的に損失の補償ができないほどの大きな数字を前にして私はオーナーに引責辞任を申し出たのである。「これは君だけの責任ではない」といわれたが、私にはこの会社の窮状を救うために最初で最後の大リストラを敢行しなければならないとの強い思いがあり、そしてそれをするためにも自分で自分の首を切る必要性があったのである。

家族的経営の限界

私は会社発足以来、社員には事あるごとに家族的経営を唱えて来た。勿論ぶら下がり社員や会社の方向性に合わない社員やチームワークを乱す社員には是々非々で対応し辞めてもらった。だが一生懸命働いてくれる社員には家族の一員として応えるようにしてきた。だから会社の台所が苦しいときは皆んなで力を合わせその試練を乗り越えてきたし、安易にリストラとかレイオフはしなかったのである。

家計が苦しいからといって人減らしのために子供達に家を出て行ってくれなどとは到底いえるものではなかった。そういった企業文化を育てて来たから社員は安心して働いてくれたし、一緒になって試練を乗り越えてくれた。

我々も他の企業同様年度によりある程度の赤字を計上したことはあったが、翌年頑張ってその埋め合わせをしそれ以上の業績を上げたものである。しかし今回の大赤字はかつてないものでありそれは私に取って未体験ゾーンの何物でもなかった。

その上直感的にあの大惨事によって世の中が大きく変わり始めている、それにつれてビジネスのやり方も変わっていかざるを得ないであろう。今までの延長線上の経営をしていたら乗り越えられない程の試練が待ち構えている。もう自分の過去の成功体験に基づく経営手法では新しい発想は出てこない、壁にぶち当たってどうしていいかもわからず挙句の果てには会社を倒産させるかも知れないとの危惧があった。

バトンタッチ

よし、ここは新しい経営幹部によって会社を再生してもらう、でも彼等に引き渡す前に大掃除をし自らが撒いた種は自らで刈り取り身軽にした形でバトンタッチするのがフェアである、との思いが強かった。

幸い私の下で大手商社から転職し3年程副社長として私を補佐してくれたA君がいたので彼にリーダー役を担ってもらうのが自然であるし、彼もまたビジネス経験も豊富で経営能力に秀いでていたので安心して彼に任せることにした。

私はこの大改革の最中に私の後継として全く新しいトップを外部や本社から派遣してもらうことは一切考えていなかった。

創業時の太刀持ち露払いの如く、この有事に私はA君と若手のH君を交えてのトロイカ体制を敷いた。このH君は豪快な男で、リーダーシップにも長け上に物申すこと怯まず、そして同僚や部下を守りその面倒見がよかったので絶大なる人望があった。正義感が強く私が時に「サラリーマン金太郎」（笑）と呼んだ程である。

戦略的思考や分析力も鋭く、将来の社長候補の1人であることは間違いのない逸材であった（実際本年3月シャルマングループの新社長として大抜擢されたのは記憶に新しい）。現地社員も彼等に馴染んでいたし、その辺りの状況をよく理解し私の申し出を快諾してくれたオーナーには感謝の他なかったのである。

大ナタを振るう

私は中途半端なリストラではこの難局を乗り切ることは難しいし赤字の垂れ流しが暫く続く恐れがあると思った。そのためにはここ数年で膨れ上がって来た贅肉を大幅に削り一気にスリムな形にしなければならないと考え、３００人いた社員を各部署ごとに削減し一気に50％ダウンの１５０人体勢にすることを幹部社員に告げた。

このような非常時には自分で判断し自分で決定しトップダウンで実行しなければ、ああでもないこうでもないの意見が跋扈し、物事が進まないことが多いことを知っていた。だからハッピーでない多くの社員達が出て来ることは予想していたのである。

もとより私には大リストラの経験やらノウハウなどない。でもアメリカでは企業の立て直しのためには「人員削減」とか「解雇」は有効な手段の1つとして正面から検討される。企業の存続と発展のためにスリム化が必要とあれば「資本の論理」にのっとって必ず実行する。日本のような関連会社への出向というような曖昧な形はない。日本の経営者はかつては世間的な評判を考え首切りには及び腰ではあったが、近年の経済環境の悪化と共にリストラという実質的な首切りが頻繁に行われるようになったと聞く。

苦渋の決断

私は頃合いを見計らって社員全員を会議室に集め口を開いた。

「只今から重大な発表をします。昨年度の決算結果が出て会社はかつてない大赤字を計上しました。例の同時多発テロの影響をモロに受けた結果ですが、このままの体制を続けると会社は倒産の憂き目を見ることでしょう。私なりに色々考え悩みましたが、大幅なリストラ断行なくしてはこの会社を救済する手立てはありません。

今まで家族的な経営を標榜し皆様と共にこの会社を成長発展させてきました。そしてリストラなどしたことがありませんでした。しかし私は今回最初で最後のリストラをします。皆様方のご理解とご協力を得たいと思います。何故ならこのまま何もしないでいると会社は座して死を待つだけの状態になって行きます」。

会議室は異様に静まりかえっていた。

「現在３００人いる社員の半分の方々のポジションを廃止することでスリム化していくしか生き残る術はありません。これはあなた方個人個人の能力の問題ではありません。会社の都合ということになってしまいますが、このまま最後まで船に乗って皆んなで沈没するか、あるいは半分が船から降りることによって私達が一生懸命に築き上げたシャルマンという船を存続させていくか⁉　答えは明確です。

辛い選択ですが、どうか皆様のご理解とご協力をお願いするしかありません。去りし者達は残りし者達にシャルマンの未来を託し、残りし者達は去りし者達が犠牲になってくれたお蔭でこの会社が存続するわけだから死に物狂いでの再興をお願いします」どよめきが起こったが私は続けた。

トップとしての責任の取り方

「このような方法を取らねばならなくなった責任はすべてこの私にあります。したがって私も創業以来トップの座を続けて参りましたが、その責任をとり社長を辞任します。去りゆく皆さんと共にこれからは一歩下がって私達が築き上げてきたこの素晴らしい会社の行く末を見守って行こうと思います」。

この国では社長や会長でも業績が悪化したり、回復させられなかったらいつ首になってもおかしくない。私はたまたま自らで自分の首を切った形になるが、基本的に辞めさせられる理由は2つ。1つは業績が極端に悪く目標が達成できない場合。もう1つは公私の混同といった倫理的な理由である。

誰しも首がかかれば必死になって働く。そして成功すれば大きな成功報酬が待っている。緊張感・達成感・成功報酬、これらが個々人の能力を最大限に発揮させる方法だということをアメリカ人は知っているのである。

3　老兵は死なずただ消え去るのみ

アメリカ式解雇の仕方

社員への通知の後、私は速やかに動いた。ことは解雇である。アメリカ人であろうがなかろうが平気であるはずがない。アメリカでの解雇は普通週末を選んで行われる。例えば金曜日の午後に「来週から出社しなくてよい。今日中に荷物をまとめて退社して欲しい」とレイオフを宣告する。日本のように1か月以内に荷物を整理してなどと悠長なことはいわない。

退社時には玄関まで見送って行く。しかしこれは単なる見送りではない。会社の機密や物品が持ちだされていないかを確認するためである。そして次の週から会社に入って来られないようにキーや暗証番号は変更されるのである。私は一部の要注意社員を除いてはこのような別れはしなかったし問題も起こらなかった。

一般のアメリカの会社はレイオフに当たり何か特別に支払うことはない。私は去って行く者達にはあまり多くではないが、いままでの御礼と選別としての金一封をそれぞれに渡してやった。それがせめてもの私の彼等に対しての感謝の気持ちであった。

立ち直りの早いアメリカ人

アメリカ人のやり方は一見ストレートに見えるが解雇がどうみても避けられない現実ならば、受け入れなければならないショックと直面し少しでも早く立ち直って行くという点では合理的である。日本人に取って解雇はこの世の終わりと同じくらいショッキングなことである。目の前が暗くなり、家族に何と伝えようかと絶望的になる。全人格が否定されたようで致命的な打撃を受ける。

これに対しアメリカ人はショックは受けるがいつまでも愚痴らない。転職の市場が常にオープンに用意されているのも日本とアメリカとでは違う。解雇はどんな体制どんな国であっても辛く悲しい出来事であるが、この本質はごまかしようがない。それならば正面から向き合いこれを逞しく克服してしまおう、というのがアメリカ人の知恵、彼らの立ち直りは凄く早いのである。だから私は去って行った者達の心配はあまりしないのである。

飛ぶ鳥跡を濁さず

会社に多大なる損失を与えたことをオーナーにお詫びし引責辞任をすることでお許しを乞うたわけだが、同時に最後の我儘なお願いをしたのである。このまま引き下がっては単なる責任逃れと思われるのは意としないところであったし、また大赤字のまま会社人生を終えることはビジネスでの負け犬とし一生その言葉がついて回ることを私は受け容れることはできなかった。

したがってタイトルは何でも構わないが、今暫く会社に残り後継者並びに新執行部を側面から助け業績の急回復を約束するから最後のチャンスをいただきたいと頭を下げたのである。オーナーはその願いを快諾してくれ、それからの私は如何にして業績をV字回復させようかと後継者と二人三脚で頑張った。

組織スリム化の施策

販売サイドの方は一気に減らすと売上に影響が出るので、成績のよくないレップを首にしたり去って行ったりしたテリトリーは補充しないこととし、その近隣のレップのテリトリーを拡大してやることで対応した。レップに取ってはテリトリーカットより拡大は即収入に繋がるのでこのやり方は好意的に受け容れられた。そして時間をかけて１６０人前後いたレップを80名くらいまで減らしていったのである。

問題はバックオフィスの新体制である。例えば簡単にいえば今まで10人で稼働していた部署を半分の５人で回わせということなのである。勿論部署により強弱をつけ中には強化したところや削減しないケースもあったが、１４０人前後の人員を半分の70名前後で回るような組織に再構築する必要があった。各部署のマネージャーは最初は難色を示した。

「そこまで人員を減らしたら1人当たりの仕事量が一気に増えとてもじゃないけれど仕事を終えることができません」といってきた。

大方予想がついたことなので私は彼等に次のことを要求した。

「では毎日あなた方がやっている業務の中でこれだけはやらねばとか外せないとかいう項目を最重要順に並べて10項目書いて持ってきてください」すると、彼等は自分で考えたり部下と相談しそれら10項目を羅列してきたので、私は部署ごとに面接をした。こうして日々の業務をリストアップして見ると以前からやってきているどうでもいいことが相変わらず行われていることがわかった。

「この中で顧客やレップに直接影響を与える項目以外は一切継続する必要はありません」と私はいった。

「本当にそれらのことを止めていいのですか⁉」

「勿論です。これなら半分の人員でこなせますか⁉」どこの部署でも半分くらいの項目は中止できたので、マネージャー達は少し怪訝な顔をしながらも納得し去って行った。

これは例えばの話だが、こうしてムリ・ムダ・ムラを省き、事務や出荷業務の合理化をしたお陰で、バックオフィスは何とか回るようになったのである。今まで如何に大して重要でないことに時間をかけてきたのかがわかり、1か月後のマネージャー会議では各マネージャーからハイタッチをされたのである。

ビジネスの戦場から去るに当たって

業界における競合各社もご他聞にもれず何らかの対策をたててこの難局を乗り越えようと一生懸命だった。勿論中には耐えきれず縮小したり整理したり倒産や撤退していった会社もあった。

2003年、私達は全員の努力で前年の大赤字から収益トントンのところまこぎつけた。勢いが付いたところでそのペースを緩めることなく鋭意奮闘2004年に再び利益を計上しV字回復元年となったのである。私はそれを見届けるような形で会社人生に幕を閉じることをオーナーに伝え快諾してもらったのである。そのときの気持ちは正に「老兵は死なず、ただ消え去るのみ」の心境であった。

この言葉はかってのGHQの総司令官ダグラス・マッカーサー元帥の名言として知られている。

引退最後のスピーチで彼はこう語っている。

「私は52年の長きに亘る軍歴を閉じ、ただ消え去って行く。神の示すところにしたがって自らの責務を果たそうとした1人の老兵として。さようなら！」。

戦場で死ぬことなく軍を去ることになった自身のことを誇った言葉だった。

実は実際はこの後に「若い兵士達は私が消え去ることを願う」という文句が続くのである。「消え去る」というのは名誉あることで、幾多の戦場を生き延びた古強者にしか許されない静かな最後である。

だからマッカーサーは「私は自らの義務を果たし今ここに静かな最後を迎えます」そして「私は軍隊を去ったとしても私の魂はここに置いて行きます」。

彼はそういいたかったのだろう。私と彼は比較の対象にはならないけれど、彼の軍歴や軍隊を私のビジネス人生や米国シャルマンに置き替えたらダブル部分が見えて来て感無量になったのである。

4　会社組織を通じてのアメリカンドリームの実現

組織を通じてのより大きな自己実現

いつかはカウボーイに成りたいという若い頃からのロマン実現のために27歳のときに渡米して来

た。そして運よくコロラドのロッキー山中に住む老牧場主夫婦に拾われた。そこで一生懸命に働き認められ念願のカウボーイになる夢を実現させた。しかしそのとき彼等にもっと大きな夢を見ろといわれた。それはいつの日か例え小さくてもいいからアメリカの大地で牧場を持てと。

それも後年何とか実現できた。でもそれらは所詮個人レベルの夢であったが、こんな自分になりたいという自己実現の場でもあった。しかし私はもっと大きく広範なレベルで自己実現が可能な機会に恵まれた。それが米国シャルマンとの出逢いであった。会社という組織を通じて遥かに次元の異なる自己の実現ができればそれは望外の幸せともいえることである。

人間の欲求

人間には5段階の欲求があり、それらは上に行く程、高次元の欲求だといわれている。

一番目は「生理的欲求」で、とにかく生きたい、食べたい、寝たい。

二番目は「安全欲求」で、安全に暮らしたい。

三番目は「所属欲求」で、何処かに所属していたい、社会と繋がっていたい。

四番目は「承認欲求」で、誰かに認められたい、尊敬されたい。

五番目は「自己実現欲求」で、自分のやりたいことを実現して叶えたい。

だが、下層の欲求が満たされないとその上の欲求を満たすことができない。私のカウボーイになりたい、牧場のオーナーになりたいという欲求は満たされたのであるが、それは全く狭い世界のレベルであり、承認欲求を満足させるまでには至っていない。やはり例え微力であろうとも「世のため人のため」になりたい。それを満たしてくれるのが会社組織とか団体とかであると信じている。何故なら個人レベルでは限界があるのである。

会社の経営理念の実行が自己実現に繋がる

会社設立と共に自分なりに自己実現とはの命題に答えを求めた。「自分の中にある可能性を最大限に開発し実現していく」こと。具体的な業務として考えるのではなく、まずは、お客様や社員や株主といった他人を喜ばせたり楽しませたりするために自分を活かすと考えた。難しいことはわからない。しかし最終的には、会社と共にあり「企業理念を実現するために自分を活かす」ことを目指さねばならない。

企業という組織が「自己実現」すべき理想・目的を示したものが「経営理念」だと解釈している。この理念を達成するために自分は何が貢献できるのか、自分の得意なことをどう活かすことができるのかを考える。会社の大きな目標・目的と個人の目指すものを重ね合わせ、その理念を実現していくプロセスの中で自己実現を考えるようにすればいいのだろう。

私は日々シャルマングループの経営理念を思い出している。

①お客様に安心と喜びを提供する。

②地球規模の発想で常に新しい夢に挑戦する。

③私達の働きで、私達の生活を向上させ、豊かな未来を実現する。
④法令を遵守し、事業の健全な成長発展により、株主への責任と社会的責務を果たす。
これらのことを達成することで自己実現が可能になると信じた。

時には自画自賛もしたい

23年間の会社人生を終え過去を振り返るときに、私は「能事足れり」とまでは行かなかったが、概ね自分のやりたいことや夢が叶い達成感や満足感や幸せ感に包まれた。少しばかりの自画自賛も許されるだろう。

1人では絶対に成しえなかった「シャルマン」というメガネフレームのブランドを全米に浸透させることができた。何百万何千万というお客様に医療機器の眼鏡フレームを通じ視力の矯正をすることで安心と喜びを提供することができた。地球規模の発想で北米は勿論中南米や欧州までシャルマンフレームの拡販努力をしてきた。社員やその家族や数えきれない程のお客様の生活を向上させ、豊かな未来を実現すべく例え微力ではあったがその一翼も担うことができた。

アメリカのビジネス社会でよき社格を形成し、社会的責任を果たすことができた。株主への100％の責任は果たしたとは思えないが、事業の健全な成長発展にもある程度寄与できたと思ってる。日本から進出して来た11もの同業各社の中で今尚アメリカ市場で活躍しているのは基本的にはシャルマン一社だけだと思うと、それがその証となっていると思う。

私は1989年から1992年の3年間、全米眼鏡協会の理事を勤めた。日本からは勿論のことアジアからは初めて。そして恐らく今後も私の後に続く日本人は出てこないであろう。たまたま協会の執行部並びに会員は全員が白人であったが、彼等は温かく迎えてくれた。業界内でのシャルマンの勢いで選出されたようなものであったが、名誉なことと思っている。

また業界内では稀有なオーナーではない社長として皆んなに不思議がられた。創始者の1人であり最後までトップマネージメントの一員として23年の長きに亘り活躍、転職引き抜きが日常茶飯事のアメリカ市場にあって、1つの会社を立ち上げハッピーリタイアメントを成し遂げるなんてそんな話は聞いたことがないというコメントばかりであった。

そんなことはどうでもよく、私はこのような機会を与えてくれた、私を信じて米国シャルマンを任せてくれたオーナーにただただ感謝あるのみである。

多くの部下と共にこの会社の成長発展に寄与してきたわけだが、幸いにもその中から後年日米併せ10人（日本人6人は彼等の駐在時の部下、アメリカ人4人は競合他社の社長となった）の社長を輩出することができた。大谷学校などというおこがましいものではなかったし、彼らに特別な経営手法を教えたことなどない。ただ彼等は私と共に働く中で私の背中を見ながら何らかのものを学んでいってくれたのだろうと思う。俺流のやり方も案外大きく間違ってはいなかったなと思うのである。

シャルマンの企業文化を懐かしみ、10年くらい前から会社を去って行ったアメリカ人の連中がシャルマン同窓会なるものをつくって折をみて集まっているようである。私も一応最近乞われて名前だけは連ねたが、出席するつもりはない。歴史の針は戻したらダメ、遠くから彼等の活動を温かく眺めるのが私の仕事と思っている。

日本ではいざ知らず、アメリカで会社を去って行った連中が同窓会をつくり往時を懐かしみながら交流を続けるなんてこれまた稀有なことであるし、それはそれで俺流の企業文化が相変わらず彼等の魂の一部を揺さぶっているのかと思うとこれまた名誉で誇るべきこと。

サムライカウボーイ社長が自己実現の勲章

それやこれやでシャルマンという会社組織なかりせば絶対に成し得なかったことばかり、例え一時期であろうとも全米の眼鏡業界にジャパニーズのサムライカウボーイ社長がいて活躍したといった事実は消えることはないし、それはそのまま私の自己実現でもあったし永遠の墓標でもある。

5　夢は見続けるもの

昭和初期の男から未来ある若い人達へのメッセージ

私はアラ古稀を過ぎつつある人間である。日本では75歳までは前期高齢者とか老人と呼び何となく暗いイメージがある。近づいて来る死を待てというのだろうか!?

かの兼好法師は次のようにいった。

「死は前よりも来たらず」つまり死は前方から徐々に近づいて来るものではなく「かねて後ろに迫れり」背後からポンと肩をたたかれ不意に訪れるものだ。

世間では老いることが不快な現象のように語られるが、それに対する切ない反抗が「アンチエイジング」などという表現だ。団塊の世代が国民の最大グループとして登場しようとしている。若い人達に我々昭和初期の「かつての青年」達の爽やかな生き様を見せてやらねばと思っている（笑）。

坂本龍馬の生き様

私は何故か坂本龍馬に心酔している。動機は簡単だった。私は愛知県の伊良湖岬近くで生まれた。幼き頃より何百回となく岬の先端にそびえる高い岩の上に立ち遥か太平洋の彼方を眺めるのが好きだった。その先にはアメリカがあり見も知らぬ遠い異国であったにもかかわらず、その頃からおぼろげながら何時かかの国に住みたいという野望が膨らんだ。

私は勿論龍馬と比較することなど恐れ多くてできないが、岬の先端に立ちいつも海の彼方を眺めていた姿勢は同じであるので、彼と自分をダブらせるときがあった。

そして私は昨年とうとう遥かテキサスから四国高知に向かった。月の名所として知られる桂浜に建っている坂本龍馬に会いに行ったのである。そして彼はかつての私と同じように太平洋の彼方、遥かアメリカを望んでいたのである。彼の胸中はいかばかりであったのか!?　私は彼と同じ目線で太平洋を眺めながら感無量であった。勿論彼と私の生き様には大きな違いはあれど「心はいつも太平洋ぜよ！」という気持ちは同じだった。

大志を抱き若い理想に燃え、新時代の幕あけを目指し幕末を疾駆した。享年33歳、短い人生だったが自分が信じたことに命を懸けた一生だった。龍馬語録は色々あるが、好きなものは「世の人は我を何とも言えば言え　我成すことは我のみぞ知る」辛いとき、苦しいとき、寂しいとき、己の生き方を振り返りこの言葉を心の中で繰り返す。すると心が前向きになり数々の逆境を乗り越えることができた。

私はアラ古稀を後ろに見つつあり龍馬が亡くなった33歳はとうに過ぎ去った。これまで「龍馬、龍馬」といってきたが、結局自分は龍馬にはなれなかった。しかし逆に今は自分をここ迄導いて来てくれた龍馬に恩返しをしようと思い、尚一層の自己研鑽を続けているのである。

人生の完全燃焼を目指して

実はこんなことも思っている。1人の人間としてこの世に生まれて来たこと自体、奇跡的なことである。それほど稀有で貴重な機会を得た私達はその自己に対しての義務を果たさないといけないのだ。本来の自己を活かそう。自分を見つめよう。心が求める生き方をしよう。遅きに失した感はあるがこの歳になってやっとそんな気持ちになってきたのである。

今までは人間は「いつかは死ぬ」ということは思ってはきたが、それが最近は「いつ死ぬか」という考えに変わってきた。そしてこれからいつまで生きられるかはわからないが、私なりの思いがある。別に終活を急いでいるわけではないが心構えだけは準備して行きたいと思う。

人生を四季に例えるなら

人生を四季に例えるなら。実りの秋が終わって今は冬場に差し掛かっているのかも知れない。何となく寒々しい感じがするが、炬燵の中で温まりながら外で静かに降る雪景色を眺めていると思えば気持ちいい。

うららかだった春、すべてに激しかった夏、多くのものが熟した秋、そういった人生を時に回顧するのも悪くない。

人生を起承転結で例えるなら

人生を起承転結で例えるなら。20歳までの未成年、45歳までの青年、65歳までの成年、それ以降は熟年でありそして最後の思うように動けなくなった期間、それが老年という見方もある。ならば健康で動けるうちは老いの2字などあまり考えずに人生の終章を凛として爽やかに歩んで行きたい。

人生を時計の針に例えるなら

人生を時計の針に例えるなら。今は午後3時を廻った頃かも知れない。歳を取ると確かに身体は弱くなるし物忘れもするようになる。

しかし無常ということや侘しさ、寂しさ、儚さを実感できるようになることは悪いことではない。毎日毎日、一瞬一瞬を大切に生きようとする気持ちに繋がるからである。一生懸命だがあくせくしない生き方が、日没が近付いてきた「黄昏の人生」に相応しいのではないだろうか⁉

人生を競馬に例えるなら

人生を競馬に例えるなら。今は第4コーナーを廻った辺りかも知れない。これからホームストレッチに差し掛かる。人それぞれにゴールラインは異なるが、人生の勝馬で終わろうとするならばゴールまで疾走しなければならない。今まで走って来た人生でヨレヨレになり疲れ果て青息吐息でやっとこさ駆け込む馬も多い。第4コーナーまで余力を持って走って来た馬は最後の鞭を入れることで颯爽とゴールを駆け抜けて行くことができる。これからの残余の人生を如何に過ごすかがどんなに大切なことなのか、競馬から学ぶことも多い。

例えば80歳で人生を全うする人はこんな風に思って逝くのではないだろうか⁉「振り返れば一夜限りの心地して、夢の八十路を辿り来しかな」。

人生ってこんなもんだろう。例え100歳まで生きたって死ぬときは一夜の夢のような一生なんだろう。であるならば残りの人生、己の気の向くままに生きることでいい夢を見ながら黄泉の国に旅立って行きたいものである。

〔図表４　終の棲家〕

いい夢を見ながらの旅立ち

そう、いい夢を見ながらである。私には老いることへの怖さはない。しかし生き甲斐や人生の目標を失うことを恐れる。余生をただ飄々と生きることをよしとしないからである。夢を見ることで人生の目標を持つことができる。目標に向かって努力することができる。そしてその夢を叶えた姿を想像している間とても幸せな気分を味わうことができる。

そういった気分を味わうこと自体が精神的にもとても大きな意味を持ち心の安らぎとなるのである。私は若い頃からの大きな夢は実現した。だからもう小さな夢で十分である。

最も自分は欲が深いからその小さな夢を幾つも見て実現したい。それらが実現できたら、若い頃に見、実現した大きな夢に匹敵するかも知れないからである。

おわりに

私は今までに不本意なできではあったが2冊の電子書籍を出版している。あくまで自分史ということであったので、今までの長い人生に於いて私がお世話になった方々、お叱りを受けた方々、そして私を知る友人・知人・親族の皆様に電子書籍という形で限られた人々にお読みいただいた。多くの賞賛をいただき思い切って出版してよかったと思ったのだが、殆どの方から人生のど真ん中の部分、所謂37歳から59歳までの会社人生がすっぽり抜けているのは理解し難い、是非ともその異色のビジネスストーリーを執筆すべきだとの叱咤激励を受けた。

書きだしたら数々の思い出が蘇ってきた。お世話になった諸先輩、同僚、部下、そして数えきれない程のお客様や業界関係者。各々のシチュエーションにおいて必要に応じ仮名を使わせていただいた。本来ならもっともっと言及したい人達はごまんといたが、紙面の都合上割愛させていただいたのでご了承願いたい。

ただ彼等との交流なくしてはこのビジネスストーリーを書き上げることができなかったことを思うとすべての人々への感謝感激感動で一杯である。そして人との出逢いの大切さを噛みしめると共に、私に人生最大のチャンスを与え陰に日に支えてくださったシャルマングループ総帥でオーナーであらせられる堀川馨会長にここに改めて心より厚く御礼申し上げる次第である。

シャルマンという会社組織なかりせば、絶対に成し得なかったことばかり。例え一時期であろうとも全米の眼鏡業界に日本人のサムライカウボーイ社長がいて活躍したという事実は消え去ることはないし、それはそのまま私の自己実現のための勲章でもあったし、また自らが生きた証として何かをこの世に残し何かを伝えたかったという意味合いでは私の永遠の墓標でもある。

今を遡ること半世紀前、夢と希望を新天地に求め期待と不安が交錯する中で祖国に別れを告げたのだが、自分には一片の迷いもなかった。大企業に勤め安定した未来が約束された人生、安全で豊かで住みやすい自分の生まれた国。そんなものを振り切ってまでも何故未知の世界に飛び込んで行ったのか⁉ ただひたすらに甘美と思えるロマン実現のためといえばそれまでだが、世の中そんな甘いものではない。

しかしそのとき心に誓ったことがある。それは日本ではできないこと、アメリカでしかできないことをやらねば渡米した意味も意義もないということ。でなきゃ何でわざわざ居心地のいい日本を勇躍飛び出して行ったかの整合性がないのではないか⁉

日本にいたら俺流の会社など絶対にできなかったであろう。アメリカにいたからこそ、いやアメリカでしか成し得なかったであろうし、そして私が稀有なサムライカウボーイであったからこそそのビジネスドラマである。それはまた、他人とは少しばかり異なった履歴書を書けたという自負心に他ならない。

私はいつの間にやら気が付いたら後期高齢者の仲間入りをしてしまった。お陰様で長い人生、大きな病1つしたことはなく至って健康そのもので今まで暴飲暴食を続けてきた。しかしとうとうその付けを払うときがやって来たようで、今年は一気に心筋梗塞とか大腸や直腸ガンで5回程の大手術を行わねばならない身体になってしまった。でも一片の悔いもない。自業自得と割り切っているからである（笑）。

ただ度重なる手術で、この歳になって初めて死を身近に感じたことで私の死生観や人生観も変わってきた。今までは「いつかは死ぬ？」と思って来たが、今はそれが「いつ死ぬ？」かに変わって来た。と同時に自らが生きた証としてこの世に何かを残して行きたい、愛する者達や若い人達に何かを伝えて行きたい！　そんな思いが日に日に凌駕してきたのである。

私が永眠する場所は既にここテキサスの片田舎に確保してある。しかしそんな形だけの墓石よりもこの拙著が私の墓標ともなれば望外の幸せである。そんなこんなで身の回りの状況や心境の変化もあり、何とか頭脳がしっかりしているうちにこの『世界の最難関市場に挑み制した！　サムライカウボーイ社長記』を書き上げて置こうと思った次第である。

私の生活信条は色々あるが、常に永遠に生きるが如く夢を見続け、明日死んでしまうが如くに今日を力一杯生きて来た。そして男は振り向くな！　人生死ぬまで登り坂!!　幾つになっても前しか見ない!!!　そんな姿勢でこれからの限りある人生を生きて行きたい。

思えば波瀾万丈の人生であったが、幼き頃より他人とは少し異なった履歴書を書きたいと思って来た延長線上に今の自分がいる。変わり者、異端児、自己中、天邪鬼等々色々な誹謗中傷を受けたこともあったが、若き頃より何故か坂本龍馬に心酔し彼の言葉をそのままに生きてきた。「世の人は我を何とも言えば言え　我成すことは我のみぞ知る」。我が人生に悔いなしである。
人生70有余年、多くの人達が通過するように、私もこれまでに幾重もの山や谷を上り下りして来たが、その度にありとあらゆる体験がモザイクのように織りなした人生であったように思う。あっちこっちで道草も随分としてきたが、そのお陰でエスカレーターに乗ったりストレートに人生を歩んできた連中では味わうことのできない、止まり木と言うか希少な価値を発見できたことも今で思えば貴重な体験であったなあと感無量になることしきりである。

マイク　大谷

著者略歴

マイク　大谷（まいく　おおたに）

1945 年愛知県伊良湖岬生まれ。中学時代に西部劇に傾倒、将来カウボーイになりたいとのロマンが芽生える。滋賀大学経済学部入学も楕円球に明け暮れ体育会学部ラグビー学科卒業。卒業後大手建設会社熊谷組に勤務。夢を追い求め 27 歳のとき脱サラ、徒手空拳で渡米。1973 年コロラドの牧場主に拾われ、カウボーイの世界へ。牧場にてアメリカ人 WASP 女性と巡り合い結婚。暫くカウボーイ生活から離れ、アメリカの会社に勤務しながら家庭生活の基盤造り。1982 年縁あってニューヨークにて日本の会社の現地法人の設立を依頼され、ゼロからの経営を任せられる。300 ある競合他社の中でトップ 5 にまで成長、業界では異色のカウボーイ社長として知られる。1989 年関連業界の全米協会理事に日本人として初めて任命される。独・英・仏並びに墨に販売会社設立関与。中南米市場開発。チタンフレームのグローバル市場販売の先鋒として活躍。2005 年還暦を前にしてリタイア、テキサスに長年の夢である牧場購入、小さなアメリカンドリームの実現。カウボーイ生活に戻る。2015 年、日本バーベキュー協会アメリカ支部設立。「将軍」チームと名打って毎年全米各地の世界大会に日本代表チームメンバーとして参戦。日本とアメリカの田舎を繋ぐ MJM いなかパイププロジェクトの推進。世界に通用する人材育成センターアメリカ研修所設立（構想中）。生活信条『人生百まで登り坂！幾つになっても前しか見ない!!』滞米生活 45 年、この男が過去を振り向くことはない。

世界の最難関市場に挑み制した！
サムライカウボーイ社長記

2021年８月20日　初版発行　　2023年８月18日　第３刷発行

著　者　マイク　大谷　© Mike Otani

発行人　森　忠順

発行所　株式会社 セルバ出版
〒 113-0034
東京都文京区湯島１丁目 12 番６号 高関ビル５B
☎ 03（5812）1178　FAX 03（5812）1188
https://seluba.co.jp/

発　売　株式会社 三省堂書店／創英社
〒 101-0051
東京都千代田区神田神保町１丁目１番地
☎ 03（3291）2295　FAX 03（3292）7687

印刷・製本　株式会社 丸井工文社

Printed in JAPAN
ISBN978-4-86367-681-7